体育强国背景下
大学生体质健康科学管理研究

杨英杰 / 著

吉林大学出版社

·长春·

图书在版编目（CIP）数据

体育强国背景下大学生体质健康科学管理研究 / 杨英杰著. -- 长春：吉林大学出版社, 2020.7
ISBN 978-7-5692-6790-7

Ⅰ. ①体… Ⅱ. ①杨… Ⅲ. ①大学生－身体素质－健康教育－研究 Ⅳ. ①G807.4

中国版本图书馆 CIP 数据核字(2020)第 138401 号

书　　名	体育强国背景下大学生体质健康科学管理研究 TIYU QIANGGUO BEIJING XIA DAXUESHENG TIZHI JIANKANG KEXUE GUANLI YANJIU
作　　者	杨英杰　著
策划编辑	代红梅
责任编辑	代红梅
责任校对	蔡玉奎
装帧设计	马静静
出版发行	吉林大学出版社
社　　址	长春市人民大街 4059 号
邮政编码	130021
发行电话	0431-89580028/29/21
网　　址	http://www.jlup.com.cn
电子邮箱	jdcbs@jlu.edu.cn
印　　刷	北京厚诚则铭印刷科技有限公司
开　　本	787 毫米×1092 毫米　1/16
印　　张	12
字　　数	222 千字
版　　次	2021 年 7 月　第 1 版
印　　次	2021 年 7 月　第 1 次
书　　号	ISBN 978-7-5692-6790-7
定　　价	62.00 元

版权所有　翻印必究

前　言

2019年9月2日,国务院办公厅印发《体育强国建设纲要》(以下简称"《纲要》"),《纲要》提出,到2035年,城乡居民《国民体质测定标准》合格率要超过92%。作为现阶段我国体育工作改革和发展的重要目标与任务,体育强国是国家高度重视的战略之一,实现体育大国向体育强国的转变,也体现出了我国在体育强国方面的信心与决心。习近平总书记强调:"新中国成立70年来,体育事业取得伟大成就。体育既是国家强盛应有之义,也是人民健康幸福生活的重要组成部分。中国正在建设体育强国。"建设体育强国,已经成为新时代中国社会发展的一个助推力,是保证国民体质水平的重要举措,同时也是提升国家综合国力与促进国际交流合作的重要路径与媒介,刻不容缓。

体育强国强调的是通过体育运动锻炼,来锻炼和提升国民体质健康水平。作为国民的重要组成部分,大学生的体质健康也与体育强国建设有着密不可分的联系。大学生的体质健康关系着国民体质健康水平未来的发展前景。当前,大学生的体质健康状况不容乐观,电子产品、外卖、高校扩招等因素都在不同程度上影响着大学生的健康,亚健康和一些疾病已经逐渐走向大学生群体,这对于我国的可持续发展是不利的。另外,尽管我国对大学生健康的重视程度有了提升,但是,在相关的研究方面体现还不明显,研究的课题与内容仍然较为陈旧,没有与时代发展相结合,导致对大学生体质健康促进的作用不够显著。鉴于此,作者特意撰写了《体育强国背景下大学生体质健康科学管理研究》,以此来将体育强国与大学生体质健康结合起来,从管理的角度上来进行剖析和探索,以为体育强国战略的实施与大学生体质健康促进提供所需的依据和支持。

本书共七章,第一章对体育强国与体质健康的相关概念进行了解析,这是本书的基础性概念,是进一步研究体育强国背景下大学生体质健康科学管理的重要前提;第二章是对体育强国建设与大学生体质健康的研究,由此能对大学生的身心发展情况、体质健康状况以及体育强国建设与大学生体质健康之间的关系有全面了解,为后面更深层次的剖析提供了依据;第三章是对大学生体质健康管理的理论与发展的介绍,具有重要的理论指导意义;第四章至第六章,分别对大学生体质健康管理的运行、保障和评价体系进行了阐述,这是本书的重点内容,每一部分都会对大学生体质健康管理的科学性产生影响,要重点关注;最后一章则对大学生体质健康促进的运动健身进行了科学指导,具有重要的实践指导意义。

本书通过简洁的语言、清晰的结构、丰富的内容,对体育强国背景下大学生体质健康管理进行了剖析和研究,立意新颖,出发点与社会发展和需要相适应,还体现出了科学性、系统性、实效性、针对性、时代性等显著特点,是一本具有参考和指导意义的专业学术著作。

本书在撰写过程中,参考并借鉴了相关专家学者的研究成果和观点,在此表示最诚挚的感谢。另外,受时间、精力所限,书中不足之处,敬请广大读者批评指正。

作　者
2020 年 4 月

目 录

第一章 体育强国与体质健康相关概念解析 …………………… 1
　第一节　体育强国的提出及相关理论 ………………………… 1
　第二节　体质的概念与内涵 …………………………………… 13
　第三节　健康新理念与评价标准 ……………………………… 15

第二章 体育强国建设与大学生体质健康的研究 …………… 27
　第一节　大学生身心发展特点 ………………………………… 27
　第二节　大学生体质健康现状及问题 ………………………… 35
　第三节　体育强国建设与大学生体质健康的关系 …………… 43

第三章 大学生体质健康管理的理论与发展 ………………… 53
　第一节　健康管理的科学理论与发展 ………………………… 53
　第二节　大学生体质健康管理的理论体系 …………………… 65
　第三节　大学生体质健康管理的现状与发展 ………………… 69

第四章 大学生体质健康管理的运行体系 …………………… 77
　第一节　大学生体质健康管理的规划 ………………………… 77
　第二节　大学生体质健康管理的服务体系 …………………… 80
　第三节　大学生体质健康管理的方案研究 …………………… 87
　第四节　大学生体质健康管理的平台研究 …………………… 89
　第五节　大学生体质健康管理的机制创新 …………………… 95

第五章 大学生体质健康管理的保障体系 …………………… 104
　第一节　健康教育 ……………………………………………… 104
　第二节　体育锻炼 ……………………………………………… 112
　第三节　运动营养 ……………………………………………… 117
　第四节　伤病处理 ……………………………………………… 125

第六章　大学生体质健康管理的评价体系……131
第一节　《国家学生体质健康标准》……131
第二节　大学生生理健康的评价……138
第三节　大学生心理健康的评价……145
第四节　大学生社会适应能力的评价……153

第七章　大学生体质健康促进的运动健身指导……157
第一节　大学生身体素质训练指导……157
第二节　大学生常见运动项目健身指导……164
第三节　大学生运动处方的制订……176

参考文献……183

第一章 体育强国与体质健康相关概念解析

通过多年来的不断发展,目前,我国早已成为世界闻名的体育大国,体育运动尤其是竞技体育的实力在世界上名列前茅,但我国的学校体育、大众体育等的发展落后于竞技体育的发展,还称不上一个体育强国,应该说我国目前正走在体育强国建设的道路上。要想成为一个体育强国,不仅要具备较强的竞技体育实力,同时还要在学校体育、大众体育等方面获得同步发展,这正是我国所欠缺的。本章重点介绍体育强国与体质健康的相关概念,以帮助人们更加深刻地认识体育强国的内涵。

第一节 体育强国的提出及相关理论

一、体育强国的提出

目前我国正走在体育强国建设的道路上,体育强国的内涵非常丰富,它涉及竞技体育、大众体育、体育文化、体育教育、体育产业等各方面的要素,只有这些方面得到同步发展,并且发展到一定水平才能称得上是体育强国。当前我国的竞技体育实力非常强大,在世界上名列前茅,但其他方面的发展相对滞后,今后需要大力发展。

体育强国战略并不是突然出现的,它是有一定的时代背景的,是在多年来经验积累的基础上提出的。

(一)毛泽东同志的体育强国思想

毛泽东同志历来都非常重视我国体育运动的发展,他曾经写下过"发展体育运动,增强人民体质"的题词。毛泽东同志对体育运动的理解非常深刻,提出了很多先进的符合当时时代发展的体育思想。如他认为体育会在军事领域扮演着越来越重要的角色,通过参加体育运动锻炼,士兵能增强自身体质,提升队伍的战斗力。通过开展各种形式的体育活动,人民群众能极大地改善和提升自身身体素质,丰富精神文化生活。另外,毛泽东同志还指出,加强体育锻炼,能有效改善人的心理素质,使人以良好的精神状态投入到学习与工作之中,为国家和社会做贡献。

随着现代社会的不断发展,科学技术得到了广泛的利用,不论是在生产领域还是在人们的日常生活中都能看到高科技的要素。在体育领域也是如此,通过大量的科技手段的利用,体育运动训练的效果越来越明显,极大地提升了竞技体育水平。另外,在我国经济水平日益提升的条件下,人们的物质需求得到了极大的满足,开始注重精神文化生活的提升,而体育运动则满足了人们的这一需求。体育强国战略要求我们以整体的视角来审视中国体育,主张促进我国体育运动的国际化发展。因此,毛泽东的体育思想以及"发展体育运动,增强人民体质"的理念对于我国体育运动的发展具有深远的影响和意义。

(二)邓小平同志的体育强国思想

邓小平同志的体育思想可以说是对毛泽东体育思想的补充和完善,他提出了"建设有中国特色的社会主义"的理论。他认为,一个国家要想获得长远的发展,除了与世界接轨外,还要坚持自身的特色,这样才能保持长久的竞争力,实现长远的发展。在邓小平同志的这一理论指导下,具有中国特色的体育事业开始获得了快速的发展。

一个国家的体育文化在一定程度上彰显着该国的综合实力。邓小平同志曾指出,体育运动的发展程度可以说是一个国家经济、文明的体现,一定要把体育运动放在明显的位置去发展。如中国女排曾经在20世纪80年代取得了辉煌的成绩,令世人瞩目。女排精神一直鼓励着一代又一代中国人。邓小平同志也曾号召全国人民向女排学习,学习女排不怕困难、大无畏的精神,这对于我国的社会主义精神文明建设具有深远的影响和意义。

大量的事实表明,经常参加体育运动锻炼不仅能增强人的体质,还能塑造良好的精神意志品质,彰显当代社会主义现代化建设的风采。此外,邓小平同志还强调将青少年全面素质的培养与民族强大紧紧联系在一起,要促进全民健康,实现国家的长远发展。

(三)新时代的体育强国战略

衡量一个国家是否是体育强国,其中一个非常重要的指标就是该国的竞技体育发展水平。随着经济的发展与科技的进步,各国在竞技体育运动员训练与管理方面的差距逐步缩小,而选拔与培养优秀的竞技体育后备人才成为各国竞技体育发展的主要着眼点。只有选拔出有潜力的运动苗子,并进行系统而科学的培养,才能使其发展成为高水平优秀运动员,使其在重

第一章　体育强国与体质健康相关概念解析

大比赛中取得好成绩,为国争光,为国家竞技体育的发展做出贡献。我国在北京奥运会上获得的成绩取得了历史性的突破,从这时开始,我国就加快了从体育大国向体育强国迈进的步伐,并为之而不断努力。但需要注意的是,只有竞技体育发展了,并不能算是体育强国,只有竞技体育、学校体育、大众体育、体育文化、体育产业、体育科研等各方面共同发展到一个较高的水平,才能称得上是体育强国。

总的来看,中国的体育思想在毛泽东时期处于萌芽阶段,在邓小平时期处于探索阶段,之后经历了江泽民时期的初步形成阶段和胡锦涛时期的基本完善阶段,现在则处于趋于成熟的阶段。体育强则国强,体育兴则国兴。党的十九大以来,习近平总书记在多次讲话中都谈到关于体育发展的问题。他曾经强调,体育承载着国家强盛、民族振兴的梦想。体育强则中国强,国运兴则体育兴。要把发展体育工作摆上重要日程,精心谋划,狠抓落实,不断开创我国体育事业发展新局面,加快把我国建设成为体育强国。如今我国已进入体育强国建设的关键时期,需要全体国民的不断努力,争取实现体育强国的梦想。

二、体育强国的基本理论知识

(一)体育强国的基本特征

随着我国竞技体育的不断发展,近些年来关于体育强国的研究也不断增多,国内大部分学者都将体育强国作为一个动态、综合和数据化的概念去理解,都认为体育强国从整体上来看是一个国家体育实力的综合体现,是一个国家体育事业的全方位的发展,并没有一个统一的标准。一般来说,体育强国主要呈现出以下特征。

1. 竞技体育成绩卓越

竞技体育的对抗性和竞争性都非常强烈,通过参加竞技体育比赛,运动员能在比赛中充分展现自己的英姿,比赛的胜利还能激发强烈的民族自尊心和自信心。由此可见,竞技体育的水平能在一定程度上决定一个国家是否是体育强国,但并不是绝对的。一个国家能否称得上是体育强国,还要看体育事业其他方面的发展程度。

评判竞技体育水平的一个非常重要的标准就是比赛成绩,因此争取取得优异的比赛成绩就成为竞技体育运动员的重要目标。竞技体育发展水平可以说是一个国家迈向体育强国的先导,是体育强国一个非常重要的指标。

当前,各项世界体育大赛越来越多,像奥运会、世界杯等都具有非常强大的国际影响力,如果能在这些大型的体育赛事中获得优异的比赛成绩,就为发展体育强国奠定了一个良好的基础。通常情况下,称为"体育强国"的国家在竞技体育领域的成绩都比较突出。

运动员的竞技实力和比赛水平在一定程度上受到场地、气候等客观因素的影响,因此人们更加注重同一时间在同一场地上进行的运动竞赛的比较,认为这一条件下进行比赛更加公平和公正。如今各种大型体育赛事越来越多,以奥运会、各类锦标赛及杯赛为代表的赛事深深吸引着人们的目光。近几届奥运会,中国体育代表团都取得了令世人瞩目的成绩,不论是金牌榜还是奖牌榜都名列前茅,这充分彰显出我国强大的竞技体育实力。

一般来说,不同项目会产生不同的奥运冠军,这些冠军大部分都来自不同的国家,因此就容易产生比较。为了获得奥运金牌,很多国家都加大了对这些项目的投入力度。但从整体上来看,这些竞技体育项目的发展并不能代表一个国家的整体体育事业。要想成为一个体育强国,必须要获得全方位的发展。而在竞技体育中,我国的三大球(足球、篮球、排球)水平难以令人满意,田径运动水平也与欧美等强国有着不小的差距。这些都制约着我国竞技体育的进一步发展。

总体而言,我国竞技体育之所以能获得如此迅速的发展,主要得益于"举国体制"的实行,这一体制为推动我国竞技体育的发展创造了良好的动力机制。但这一体制也存在着一定的弊端,那就是呈现出发展结果的不平衡性,持续时间较短,成本较高,不符合体育强国发展的要求。因此,为寻求整体体育事业的共同发展,亟须创建一个新的体制与模式。

2. 群众体育蓬勃发展

群众体育的发展程度如何也在一定程度上决定着一个国家是否能称得上是体育强国。群众体育的主要目的在于增强国民体质,提高人口素质。在某种条件下,竞技体育和群众体育具有同样的属性,都对人的身体素质发展产生着重要的影响,但是我国竞技体育过于强调体育所具有的社会价值,却忽略了其本身的功能,导致群众体育难以获得快速的发展。我国群众体育从整体上而言严重滞后于竞技体育的发展。

要想实现体育强国的目标,加强群众体育的发展是尤为必要的。因为群众体育能为竞技体育提供强有力的保障,大部分的竞技体育人才都是从民间选拔出来的,因此群众体育的发展为竞技体育的发展提供了良好的人才基础保障。

中华人民共和国成立以来,通过多年来的发展,我国体育事业获得了快速的发展。大量的事实表明,只有国民体质提高了,一个国家才具有发展的活力与动力。当前,人们逐渐意识到体育锻炼的重要性,参与体育消费的人越来越多,体育逐渐成为人们一种生活方式,人们从购买运动服装到运动器材,从运动参与到欣赏高水平比赛都包含了各种各样的体育消费行为。这都说明体育运动在群众中的影响力越来越大。

衡量群众体育发展水平的一个重要指标就是参与体育运动的人口数量。目前来看,我国群众体育人口与发达国家相比还存在较大的差距。一个国家如果只有强大的竞技体育实力,但在国民体质方面有所欠缺,还称不上体育强国,只有竞技体育和群众体育协调发展了,才具备了成为体育强国的条件。

3. 体育科技水平高

随着现代社会的不断发展,科学技术的地位越来越重要,一个国家的振兴与发展都需要建立在一定的科学技术水平基础之上。目前,社会科学技术逐渐取代以往的自然资源、资本和劳动力的投入,成为决定社会生产力的重要因素。

大量的实践充分表明,体育科技是决定体育事业发展的重要力量。它能为运动员的科学训练、状态诊断、营养补充与身体康复等提供重要的保障。群众体育中的科技服务则可以为国民体质监测、国民体质健康与促进等提供必要的指导。

发展到现在,科技已深入社会的各个领域和角落,发挥着越来越重要的作用。科技水平的提高也在一定程度上推动着体育运动水平的提高。可以说,一个体育强国普遍都拥有较强的科技实力、创新能力,这是体育强国的一个重要特征。

4. 体育教育水平高

教育在一个国家或地区的发展中扮演着十分重要的角色,体育教育不仅能培养大量的体育人才,而且是体育强国建设的保障和动力。美国是当今世界的一个体育强国,这与其先进的科技、雄厚的经济基础和发达的教育是分不开的。

体育运动发展水平较高的国家一般都拥有良好的体育教育,像俄罗斯的国立体育与旅游大学、德国的科隆体育大学等在体育科学研究、体育理论创新等方面都有自己的独到之处,他们的体育教育走在了世界前列,为国家体育事业的发展提供了强大的动力。

总之,体育教育对一个国家的体育事业具有深远的影响和意义,通过体育教育培养出来的人才是实现体育强国战略的重要力量,因此一定要重视学校体育教育。在今后的发展中,我们要努力建设一些具有国际影响力的体育院校,为国家培养出高素质的体育人才,这是体育强国的一个重要特征和标志。

5.体育产业化发展

随着现代社会的不断发展,体育产业作为一项朝阳产业呈现出良好的发展态势,体育产业逐渐朝着市场化的方向发展,这符合市场经济发展的规律和要求。在市场化体制下,国家体育部门的管理会有所放松。当一个国家步入中等发达国家水平时,国民用于体育运动休闲的支出就会增多,这是一个明显的标志,一个基本的事实就是,生活越富裕,人们用于体育健身、休闲和娱乐等方面的支出就会越大。这对于体育产业市场的形成与发展具有重要的意义。

在市场经济体制下,市场化的发展有利于体育资源实现优化配置,从而为消费者提供更好的产品或服务。目前,体育已逐渐成为人们的一种生活方式,人们在平时的生活中投入了精力和金钱用于体育消费,这说明人们对这种生活方式和健身意识越来越重视,这为体育产业市场的发展创造了一个良好的契机。

体育产业的发展可以说是体育社会化和市场化的重要标志,更体现了一个国家或地区的体育发展水平。要想提高体育产业的竞争力,首先就要明确体育产业的定位,找出其发展过程中存在的问题,找出制约体育产业发展的因素,并采取有针对性的措施和手段加以解决。

体育产业大而复杂,其中包括多方面的内容,如体育产品的生产和体育服务的提供等。通常情况下,体育产业的发展遵循消费"决定论",也就是说体育消费决定了体育市场,而体育市场又决定了体育产业,各国体育产业纷纷由社团化向企业化转变,以营利为目的的商业俱乐部大量涌现出来,扩大了体育产业市场。

经过多年来的发展,我国体育产业虽然已初具规模,但与发达国家相比仍旧存在不小的差距。我国要想成为一个体育强国,就必须要努力扩大自身的体育产业规模。

目前,在党和国家领导人的重视下,我国体育产业各部门协调配合,产业组织和结构越来越合理,体育产品和服务供给越来越充足,体育产业服务的比重也越来越高,这彰显出我国体育产业的发展活力。

在体育产业市场发展的过程中,我国涌现出了一批具有国际竞争力、带动性强的龙头企业和极具现代化的社会体育组织,形成了一批特色鲜明的产业集群和知名品牌,这对于我国体育产业市场的建设和我国体育产业的国际化发展具有重要的推动作用。

在市场经济体制下,尤其是近些年来,我国非常重视第三产业中服务业的发展,服务业在三次产业结构中的比重逐渐提高,相信在不久的未来服务业必将成为我国国民经济的主导产业。服务业的发展对经济结构调整以及经济增长方式的转变都具有重要的推动作用,而体育产业作为国民经济的第三产业也在其中扮演着十分重要的角色。

我国历史悠久,地大物博,南北差异比较明显,沿海与内陆地区也存在一定的差距。在这样的形势下,我国体育产业的发展也受到了一定的影响,在经济发展水平的制约下,各地区的体育产业发展水平呈现出较大的差距。

整体来看,我国体育产业主要集中于华东、中南和华北区域,如北京、上海、广州等大城市的体育产业发展势头良好,近些年来取得了非常理想的成果。但东北、西南和西北等区域体育产业的发展则处于一个落后的局面。因此,区域间体育产业发展的不平衡性成为当前制约我国体育产业发展的一个重要问题,需要今后加大力气发展,以实现区域间体育产业发展的平衡。

6.体育文化繁荣发展

文化对于一个国家的发展而言具有重要的意义,因此要想实现体育强国的目标,实现中华民族的伟大复兴,就必须要重视体育文化的建设与发展。体育文化象征了一个国家或者民族在体育领域独特的思维方式,它对于民族凝聚力的形成也具有非常重要的作用。

体育强国的实现是一个长远的战略目标,离不开体育文化的支持,为此,我们必须要建设一个浓厚的体育文化氛围,为体育运动的发展营造良好的环境,为体育运动的发展提供精神和动力支持。

以奥林匹克运动为核心的西方竞技体育正是通过现代体育文化体系的建立而获得了快速的发展。正是在此基础上,美国已发展成为世界领先的一个体育强国。

根据体育强国的发展历程及经验,要想成为一个体育强国就必须要具备良好的体育文化基础,这是一个必要条件。体育文化体系的形成并不是一朝一夕的事情,需要在长期的发展过程中建立和形成。随着现代社会的不断发展,体育出现了脱离生活的情况,功利化的意味越来越浓厚,出现了体育"精英化"和"贵族化"的倾向,这一现象值得我们反思。因此,面对这一形势,让体育回归本质,实现生活化的发展逐渐成为一种共识。

联合国教科文组织曾经提出,让体育融入每个人的生活中。这一理念逐渐成为国际社会的共识。体育生活化发展主要体现在体育与生活的相融性、体育参与的自主性、体育活动项目的多样性等方面。体育回归生活,成为人们的一种生活方式,成为一种追求。

发展体育的主要目的在于增强体质,实现人的全面发展。在体育教育中,以锻炼身体作为主要目的。我们可以把教育理解为三件事,即德育、体育和技术教育,这三个方面对于人才的全面发展和成长具有重要的意义。

现在,以奥林匹克运动为核心的竞技体育获得了非常快速的发展。但需要注意的是,国际奥委会的职责不应仅局限在主办体育赛事上,同样要肩负对青少年运动员的教育责任,要培养青少年运动员良好的精神品质,提升青少年运动员的人格,促进青少年运动员的全面发展。

体育文化的内涵非常丰富,同时也有着悠久的发展历史,发展到现在,体育文化已成为实现体育强国目标的内在需要。

我国体育文化的发展不仅仅要发展西方竞技体育项目,还要重视传统体育项目的发展。体育成为人们一种更高深层次的文化追求,这彰显出体育文化的魅力。

在我国丰富多彩的传统体育项目中,有很多运动项目都是将竞技、舞蹈、音乐等融为一体,这些项目既具有鲜明的民族特色,又具有明显的健身、娱乐、艺术等价值,深受人们的欢迎和喜爱。

为促进我国体育运动的发展,早日实现体育强国的目标,我们在强调竞技体育发展的同时,还要不断传播体育文化的价值理念,促进民族传统体育文化的繁荣与发展。为了争取获得国际体育话语权,为了传承与弘扬我国的民族传统体育文化,在未来的发展中,我们必须要想尽一切办法努力提升我国民族传统体育的软实力,促进体育事业各个方面的发展。

(二)体育强国建设的路径

随着我国体育强国理论研究的不断增多,人们对体育强国内涵的认识也越来越深。目前,关于体育强国的评价标准也在不断完善,在这样的形势下,我国诸多学者及专家提出了推动我国体育强国建设的路径和对策,这主要体现在以下几个方面。

1.推动竞技体育和群众体育的融合发展

众所周知,体育强国的内涵非常丰富,包括竞技体育、群众体育、学校体育、体育产业等各个方面的发展。其中,群众体育旨在促进全民体质的增强,促进人民群众的身体健康。另外,群众体育促使体育的思想教育功能得到充分的发挥,实现人民群众思想素质和文化水平的提升,从而为我国社会主义现代化建设奠定良好的基础。竞技体育的发展主要以提高为主,即提高运动技术水平,追求"更高、更快、更强",这是奥林匹克运动的理念,同时也是竞技体育的重要精神。我国竞技体育精神文化中也深藏着社会主义理想,蕴含着相似的道德和价值观,这对于我国社会主义精神文明的建设具有重要的作用。由此可见,要想实现体育强国的目标,必须要推动群众体育和竞技体育的融合发展。

2. 推动体育产业的纵横发展

推动我国体育产业的快速发展,应从纵向和横向两个维度进行,这样才能保证体育产业的健康发展。

(1) 体育产业在纵向维度的发展

在纵向维度方面,首先通过全面的调查与分析,划分体育新产业,逐步延伸体育产业链,努力提升体育产业的核心竞争力。经过多年来的发展,我国体育产业规模日益扩大,但产业增加值提升的速度较慢,远远落后于发达国家。针对这一情况,我国体育部门要采取各种措施和手段促进体育产业结构的优化和升级,促使体育产业附加值的日益提高,提高体育产业在第三产业中的比重。

(2) 体育产业在横向维度的发展

在横向维度方面,不要孤立地发展体育产业,而应该要加强体育产业与旅游业、文化业、娱乐业等的融合与发展,实现共同发展。体育产业的内容非常复杂,在其发展的过程中,与以上各个行业都发生着密切的联系,因此体育产业要走跨产业融合发展的道路,应不断拓展体育产业发展的空间,这对于体育强国战略目标的实现是比较有帮助的。

3. 大力弘扬民族体育文化

文化对于一个国家的发展而言具有非常重要的意义,可以说文化是一切事物发展的根基和源泉,因此传统文化就是我国体育文化发展的源泉,为促进我国体育产业的健康发展,就必须要加强传统文化建设。中华民族体育文化蕴藏着丰富的内涵,其中彰显出团结拼搏、无私奉献等体育精神,因此我们在弘扬民族体育文化的同时也能弘扬中国体育精神,从而为我国社会主义精神文明建设提供良好的保证。

在社会主义现代化建设的今天,体育文化建设属于其中重要的内容。要想早日实现体育强国的目标,就必须要加强具有中国特色的体育文化的建设。在发展的过程中,我们要坚持文化自信,努力营造一个浓厚的民族体育文化氛围,并抓住当前"一带一路"的良好契机,加强我国民族体育文化的弘扬与对外传播,提升中华民族体育文化在国际上的影响力。

4.大力创建体育品牌

加强体育品牌的创建是我国体育产业发展的一个重要战略。目前,人们的收入水平越来越高,余暇时间也比较充足,这为体育消费提供了良好的条件。从最初简单的参加体育运动锻炼,到现在人们开始追求体育运动的质量,一些经济实力较强的家庭开始追求新型的体育产品,追求个性化、多元化以及高端化的体育产品或服务体验,因此为适应这一变化情况,我们必须要创建自己的高品质的体育品牌,走品牌化发展道路。

发展到现在,全球一体化的趋势日益明显,国与国、地区与地区以及各个行业之间的竞争异常激烈,在这样的情况下,我国的体育运动要想在国际市场上占据一席之地,就必须要结合当前实际加强民族体育品牌的培育与创新。

(三)体育强国建设的意义

1.促进竞技体育发展

一个国家的竞技体育实力在一定程度上反映了国家的综合实力,反过来也同样如此,二者是彼此促进、彼此影响的关系。在奥运会、各项锦标赛上我国都取得了优异的成绩,证明我国已成为一个体育大国,尤其是在北京奥运会上,我国体育代表团彰显了出众的竞技体育实力,让世人刮目相看。目前,世界上各个国家都非常重视体育事业的发展,发展体育运动的目的不仅仅是为了让运动员为国争光,而且也是为了便于与世界其他国家的交流与沟通,同时还能振奋民族精神,建立民族自信心,从而更好地促进我国的社会主义现代化建设。

竞技体育的内涵非常丰富,坚持不懈、永不言弃是其重要的精神,这种体育精神在运动员参与体育比赛的过程中得到了深刻的体现。以我国乒乓球运动为例,我国乒乓球队在各项世界大赛上屡创佳绩,一直捍卫着国球的荣誉,运动员及工作人员背后付出的艰辛与努力是常人无法想象的。中国女排在里约奥运会以及世界大赛上的表现感染着每一个人,女排精神深深刻印在每一个国人心中。我国近年来一直强调制度自信、文化自信以及理论自信,在世界高水平的体育盛会上,各个国家的运动员都在努力拼搏,争取冠军和金牌,获得奖牌尤其是摘得金牌的运动员往往会受到全世界的瞩目。但需要注意的是,那些没有得到奖牌的运动员只要付出了努力,超越了自身的极限也同样值得称赞和崇敬。总之,建设体育强国对于竞技体育的进一步发展具有重要的意义。

2. 促进群众体育发展

群众体育是体育强国建设的重要内容,因此在未来的发展中我们要重视群众体育的发展,要将群众体育与竞技体育放在同等重要的位置去发展。近些年来,为推动我国群众体育的发展,我国出台了一系列有利于群众体育发展的政策和措施,这在一定程度上加快了群众体育发展的进程。人类最基本的素质是身体素质,如果人们的身体不健康,身体素质欠佳,那么就会在一定程度上影响其他素质的发展。因此,在社会主义现代化建设的今天,身心健康成为人民群众非常关心的问题,而体育运动则对于人的身心健康具有重要的价值,所以体育运动受到高度的重视。

《中国群众体育发展报告(2018)》(国家体育总局发布)显示:截至2017年底,我国体育场地数量超过195.7万个,人均体育场地面积1.66平方米;体育社会组织年均增幅为10.86%;平均每1万人有3个全民健身站点;还有超过200万的社会体育指导员。这些都充分表明我国群众体育通过近年来的发展取得了明显的成绩,为我国体育强国建设奠定了良好的基础。

体育强国战略对于实现中华民族的伟大复兴具有重要的意义,它具有重要的战略意义。我国要进一步推进体育强国建设,首先就要打好基础,努力发展群众体育,建设一个健全和完善的群众体育理论体系,加强群众体育的政策体系建设,为人民群众参与体育运动提供良好的政策保障。

3. 促进学校体育发展

随着社会的发展,体育已成为人们日常生活的重要内容,成为人们一种重要的生活方式。体育运动能够促使人脑皮层细胞活动强度的增加,使大脑更加灵活,促进人脑功能的加强。此外,经常运动还有助于使人的感知更加敏锐,提高人思考和想象的能力,并促进人注意力和记忆力的提升。因此,我们不仅要注重群众体育的发展,还要将学校体育的发展重视起来,因为青少年是祖国未来的希望,在我国未来的现代化发展中将扮演重要的角色,发挥举足轻重的作用。学校体育可以使青少年解放天性,充分发挥学校体育的健身、教育等功能,不但有助于青少年的身心健康发展,还能为他们将来走上社会、适应社会奠定良好的基础。

在社会主义现代化建设的今天,增强国民体质一直是体育事业发展的一项重要任务,同时也是体育强国建设的重要内容。在体育强国建设中,学校教育也非常重要,增强学生体质,培养学生的智力、心理品质以及社会适应能力,促进学生全面健康发展等是学校体育教育的目的。学校体育教育的科学开展有助于促进青少年学生的健康成长,为青少年未来的发展奠定健康基础。同时,学校体育教育的发展也有助于推动我国社会主义精神文明建设。

4. 促进体育产业发展

随着我国竞技体育事业的不断发展,我国的体育产业化水平也日益提高,近些年来更是呈现出良好的发展势头。《体育产业发展"十二五"规划》(国家体育总局发布于2016年)指出:"到2020年中国体育产业总规模要超过3万亿元,从业人员数超过600万人,产业增加值在国内生产总值中的比重达1.0%,体育服务业增加值占比超过30%。"由此可见,我国的体育产业发展前景非常广阔,有着巨大的发展潜力。

当前,我国全民健身的理念日益深入人心,参与体育运动锻炼的人不断增加,很多人都已经养成了参与体育运动锻炼的习惯,体育已成为他们一种重要的生活方式。随着我国社会经济的发展,人们有了更多的时间和金钱去参与体育消费,体育人口对体育产品和服务的需求也越来越多元化,这为我国体育产业的发展注入了一针强心剂,我国体育产业拥有着广阔的发展前景。体育产业的发展影响了社会中的每个人,也影响了国家的发展。社会上的体育品牌、体育赛事以及体育公司越来越多,再加上健身行业的迅猛发展,体育产业可以说迎来了一个良好的发展契机,这对于我国体育事业乃至整个国民经济的发展都具有重要的推动作用。

5. 对实现中国梦的促进

实现中华民族的伟大复兴一直是我国的一个伟大美好的梦想,可以说一个国家的持续发展离不开梦想的推动,在社会主义现代化建设的今天,我们要为了梦想而不断的努力,这样才能获得持续性的发展。实现中华民族的伟大复兴是我国全体人民的一个梦想,而建设体育强国则是实现中华民族伟大复兴的必经之路和重要手段。

通过多年来的发展,我国早已成为一个体育大国,目前正走在通往体育强国的道路上。我国是一个文明古国,有着悠久的历史和文明,实现国家强盛和民族振兴一直是全国人民的追求和梦想,体育领域同样也承载着这一梦想的重任。

随着社会的不断发展,体育在社会发展中扮演着越来越重要的角色,体育的发展与国家的强盛之间有着极为密切的关系,即体育强则中国强,国运兴则体育兴。因此在今后的社会主义现代化建设中,我们要摆正体育运动的位置,加大体育事业发展的力度,制定各项有利于体育事业发展的政策,为我国体育事业的发展开创新的局面,加快体育事业发展的进程,早日实现体育强国的梦想。

第二节 体质的概念与内涵

一、体质的概念

体质就是指人体的质量,其涵盖的要素较多,如身体素质、形态结构、生理与心理功能等都是其中的重要内容,这几个方面表现出相对稳定性。总的来说,体质的内容主要包括人的体能、性格、精神、生理机能和适应能力等。决定人体质量的因素主要有先天遗传和后天锻炼两个方面。其中,先天遗传对人体的生长发育产生至关重要的影响,如一个人的相貌肤色、形态结构等都会受先天性的影响,不容易改变;后天因素则主要包括体育锻炼、营养吸收、生活环境等几个方面,这几个方面对人体素质的发展也会产生或多或少的影响,如人的身高大部分受先天遗传的影响,但通过体育锻炼,人的身高会得到一定程度的增长,由此可见,后天体育锻炼的重要性。

综上所述,体质是人进行生命活动和工作能力,甚至是延年益寿的物质基础,而强健的体质则是人体活动能力的基本条件。

二、体质的构成要素

通常来说,人的体质主要包括体格、生理功能、体能、心理发育水平以及适应能力等几个方面。下面做出具体的研究与分析。

(一)体格

体格是指身体的形态和结构的发育水平,如一个人有多高、有多重等都属于体格的范畴。一般情况下,体格主要涉及身体形态、身体姿态和生长发育几个方面的内容。我们在分析与评价人的体格时,主要是针对身高、体重、腰围、胸围和臀围等几个方面。通过这几个方面的测定能对人的体格做出客观而准确的评价。

(二)生理功能

生理功能是指人体各器官系统的生理功能和状况,另外,人体的新陈代谢也属于生理功能的重要内容。在测量与评价人体的生理功能时,要注重血压、脉搏、肺活量等几个主要指标的测量,这几个指标也是体育运动健身的评价指标,测量后要结合起来进行评价,尽可能得到客观的评价结果。

(三)体能

体能主要是指人体的素质和各种运动能力。身体素质主要包括力量、速度、耐力、柔韧、灵敏等五大素质,运动能力则主要包括走、跑、跳等各方面的能力。人们只有具备良好的体能才能从事各种体育运动,因此要重视体能的发展。

(四)心理发育水平

一般来说,人的生长发育主要包括生理的发育和心理的发展两个方面。通常情况下,人们比较重视身体健康发育与成长,而在一定程度上忽略了心理健康教育,这一做法是不对的。人的心理发育主要包括心理品质、判断力和个性化等多方面的内容,其发育水平如何也会对人的全面发展产生至关重要的影响,因此对此要引起重视。

(五)适应能力

通常来说,人们要想适应整个社会的发展,就必须要具备良好的社会适应能力,人的适应能力主要包括人对社会和自然环境在心理和生理方面的适应能力。通常意义上而言,我们所说的适应能力普遍指的是生理适应能力,而心理适应能力也是非常重要的,需要引起重视。

三、体质的内涵

(1)人是一个统一的有机体,体质便是这个有机体中各种能力的综合体现。对于学生而言,必须要具备良好的体质,才能进行学习和参加体育锻炼;对于成年人而言,只有具备良好的体质,才能应付日常工作和各种应酬。由此可见体质的重要性。

（2）体质强调人的身体与心理的共同发展，二者缺一不可。

（3）先天遗传因素会对人的体质产生重要的影响，同时也不要忽略了后天因素对体质的影响。受种族、民族、地域、性别、年龄等因素的影响，人群和个体的体质呈现出不同的特征。

（4）体质的内涵强调要综合评价人的体质状况。

（5）一般来说，身体素质和运动能力是人的体质发展的外在表现，参加体育运动锻炼能对人的体质发展产生重要的影响。人们体质的增强对于我国的社会主义现代化建设也具有重要的意义。

（6）随着人们认识水平的日益提升，人们对于体质的概念与内涵有了更加深刻的见解和认识。关于体质概念的研究会一直持续下去，不同年代会产生不同的结论，这些结论都是对当时现实的概括。由此可见，体质的内涵也是随着时代的发展以及人们的认识而不断发展的。

（7）体质的研究是无穷尽的，研究所涉及的内容非常之多，在世界多元化发展的今天，跨区域、跨专业、跨学科对体质进行综合的研究尤为必要。对体质的研究不仅要扩大研究的范围，还要注意研究的深度。与此同时，还要做好体质与其他学科关系的研究，力争研究的全面性，避免研究的片面性。

第三节　健康新理念与评价标准

一、健康的概念与分类

（一）健康的概念

关于健康的概念，世界卫生组织曾经给出过这样的定义：健康并不是单指一个人身体没有疾病或虚弱现象，而是指在身体、心理、社会与自然和谐统一的完美状态。也就是说一个人只有在身体、心理、社会适应和道德四个方面都处于完美状态才能算是完全健康的。随着现代社会的不断发展，健康的内涵越来越丰富，并将不断丰富。

（二）健康的分类

根据现代健康的概念，我们可以简单地将健康分为以下三类。

1. 身体健康

身体健康是指人的身体生长发育是正常的，能抵抗一般的疾病，具有良好的生活习惯。在身体体征方面，主要表现为体态匀称，气色佳、有精神，不易感到疲劳，能正常地参加工作和生活。

2. 心理健康

心理健康主要有狭义和广义之分。广义上来说，心理健康是指一种高效而持续的、满意的心理状态。狭义上来说，心理健康是指一个人的基本心理活动过程内容完整、协调一致。总之，一个心理健康的人能与社会保持同步发展。

具体来说，人的心理健康就是指在生理和心理方面与社会处于相互协调的和谐状态。这主要体现在以下几个方面。

(1) 智力正常：人们能正常地参与日常生活、工作、劳动和学习等活动。

(2) 情绪愉快与稳定：主要指人的中枢神经系统处于一个相对平衡的状态，能保持愉悦的心理状态去参加各项活动。

(3) 行为协调统一：人的意识支配人的行为，思想与行为统一、协调，同时具有自我控制的能力。当一个人思想混乱、注意力无法集中时就需要做必要的心理调节，以走上正轨。

(4) 和谐的人际关系：一个心理健康的人往往能建立和形成和谐的人际关系。一般来说，一个和谐的人际关系不仅是维持心理健康的重要条件，同时也是获得心理健康的重要方法。

(5) 良好的社会适应能力：人们在日常生活和工作中经常会遇到各种挫折和困难，这是不可避免的。在发生困难和挫折时，人们要保持稳定的心理状态，要具备良好的社会适应能力，从容应对一切发展和变化。在遇到各种困难时，人们只有保持心理的稳定性和平衡性，才称得上是心理健康。

3. 社会健康

社会健康主要是指个体与社会环境、个体与他人之间具有良好的相互作用，在社会上与人交往要建立良好的人际关系，这就是"社会适应性"。只有具备良好的社会适应性，才称得上是社会健康。

具体而言，一个具有良好的社会适应能力的人必须要满足以下条件：第一，能与人友好相处，保持心情舒畅，充满自信，具有安全感；第二，能正常地结交朋友、维持彼此间的友谊，善于倾听他人的意见，乐于助人和接受他人的帮助；第三，能明确表达自己的思想，以身作则。

第一章 体育强国与体质健康相关概念解析

综上所述,一个人社会适应能力的高低可以表明其成熟程度。对于大学生而言,其在毕业走上社会后,要想快速适应社会,就必须要具备良好的社会适应能力。因此,在平时的学习和生活中一定要重视社会适应能力的培养和提高。

二、现代健康的新理念

发展到现在,健康的内涵越来越丰富,现代健康的概念不仅是指个体的健康,还包括所有人群乃至整个社会的健康发展。随着人们认识水平的不断提升,健康的观念也相应地更新与完善,健康的内涵从生物健康扩展到社会健康,健康的要求由生理健康发展到心理健康,健康所关怀的更是由个体健康扩大到全人类的健康。而作为个人,我们必须要及时转变旧有的思想观念,紧跟时代的发展,实现个人与社会的协调发展。

(一)健康新内涵

随着时代的发展和进步,健康的内涵也日益丰富。在今天,健康的内涵突出表现在以下几个方面。

(1)生理健康:指身体结构和功能正常,能自己正常的生活、学习和工作。

(2)心理健康:指人的心理状态完好,不会无缘无故有过激的情绪。一个心理健康的人,通常具备以下几个特点。

第一,能够正确认识自我。

第二,能够正确认识周围的环境。

第三,能够迅速适应周围的环境。

(3)良好的社会适应性:指人们能快速地适应社会的发展和变化。良好的社会适应性主要体现在以下几个方面。

第一,个人能力应在所处社会环境下获得充分的利用和发挥。

第二,个人能顺利地扮演社会中的各种角色。

第三,个人行为与社会规范能保持一致,获得共同发展。

(4)道德健康:主要是指人的思想品德和人格的自我完善,具备良好的道德品质对于一个人的长远发展具有重要的意义。道德健康可以说是提高公民文化修养水平的重要基础,只有人们的道德素质水平提高了,整个社会才能文明地发展。一般来说,道德健康主要以生理健康、心理健康为基础,在此基础上获得发展。

(5)健康的完美状态:健康的完美状态是我们一生的追求,主要是指人们在身心健康的基础上,具有良好的社会适应性,能保持健康状态的完美。实际上,保持这种状态是非常难的,需要人们具备强大的自律性。

(二)维护健康的基本方法

人们要想实现身心健康的发展,必须要做好对健康的充分维护,可以说对健康的维护是一项复杂的任务,做起来并不容易。总的来看,威胁人类健康的因素有很多。既包括内因,也包括各种外因,因此,在平时的生活中,人们要时时刻刻关注自己的健康,注重身心的健康发展。世界卫生组织曾指出:一个人的健康与寿命的60%取决于自己,15%取决于遗传因素,10%取决于社会因素,8%取决于医疗条件,7%取决于环境影响。我国著名健康教育专家洪昭光认为,人的健康主要取决于内因和外因,其中内因占15%(指遗传因素),外因占85%(社会因素占10%,自然因素占7%,医疗条件占8%,个人生活方式占60%)。这些都充分表明,维护健康主要取决于个人,维护健康要从以下方面做起。

1.养成良好的生活习惯

(1)生活有序。把握好工作与生活、休息的节奏,既要保持工作的合理性又要充分地休息好。

(2)树立良好的生活目标和健康的人格。

(3)保证充足的睡眠时间,养成早睡早起的良好习惯。

(4)要定期做好身体的全面检查。

(5)在平时的工作、生活中要重视精、气、神的保养,这样有利于健康长寿。

2.积极参加体育锻炼

(1)每周体育锻炼不少于三次,每次不少于半小时。

(2)依据自身条件选择适宜的运动量和运动强度。

(3)尽量在空气新鲜、视野开阔等良好的环境里参加体育锻炼。

(4)定期做体质健康测试,做好对身体的监督。

(5)充分利用各种自然因素锻炼自己的身体。

3.合理饮食

(1)养成不偏食、不挑食的良好习惯。早餐要吃好,午餐营养搭配好,晚餐要少且清淡。

(2)养成良好的饮水习惯,平时多喝水以促进新陈代谢。

(3)膳食要科学,多吃鱼类、新鲜蔬果、豆类制品等。
(4)杜绝暴饮暴食,努力克服不良嗜好。
(5)不吸烟,不酗酒。

4. 保持乐观情绪

(1)做好必要的精神调节,保持良好的心理状态。
(2)遇事时要镇定,保持平和的心态,坦然面对困难和挫折。
(3)不要带有较强的功利性,不刻意追求名利和地位。
(4)不妄自尊大,不妄自菲薄,不卑不亢面对一切问题。
(5)维护良好的人际关系,创造和谐的生活或工作氛围。
(6)多动脑,发展和提高自己的智力水平。

三、大学生"健康第一"的教育理念

(一)"健康第一"教育理念的内涵

对于学生而言,维护好自己的健康至关重要。因此,"健康第一"的教育理念受到学校领导、教师及家长的高度重视。众所周知,体育教育的根本目的是提高学生的体质水平,促进学生的全面发展。因此,在具体的体育教学中,必须要坚持"健康第一"的教育理念,不能为了追求技术水平的提高而忽视了身体健康的发展。

(二)"健康第一"教育理念的主要任务

1. 调整体育教学内容,普及科学的锻炼知识

对学生进行健康教育的重要目标之一就是帮助学生养成自觉参加体育锻炼的意识和习惯,从而提高自己的体质水平。另外,我国教育部门也结合学校的具体实际和学生运动水平,允许学生自由选择自己喜爱的体育项目,使他们自愿参与到制定相关的体育大纲运动项目之中,从而掌握基本的健身方法和技能,进而树立终身体育锻炼的意识。在学校体育教学的过程中,要结合本校的具体实际合理调整教学内容,不断丰富和完善学生的体育知识体系,为学生身心健康的全面发展提供重要的基础。

2. 进一步完善体育与健康教育体系

体育这一门学科具有鲜明的个性,体育教学活动充满个性与特色,深深吸引着热爱运动的学生。除此之外,体育教学中还渗透着体育人文学、运动生理学、运动心理学、运动生物力学、运动生物化学、健康教育学等多方面的内容,能提高体育锻炼的科学性和人文性,激发学生学习体育的兴趣,进一步完善体育与健康教育体系,让学生充分认识到体育与健康教育的重要性和必要性。另外,在具体的体育教学中,还应增加关于健康教育的常识性内容,以帮助学生养成良好的生活作风和正确的作息规律,这样才能促进学生的身心健康发展。

3. 深刻贯彻"学校教育要树立健康第一的指导思想"

现代社会的竞争异常激烈,在这样的环境下,人们仅仅依靠自身的知识和智慧无法适应快速变化的社会。"健康第一"的教育理念就是在这样的背景下产生的,这一教育理念要求学校培养身体健康、心理稳定、拼搏竞争、团结协作的新型高素质人才,主张从以往单纯的"增强体质"为主转移到"健康第一"的新型发展观。这非常符合现代社会发展对人才的要求。

4. 体育教育要服务于学生体质健康

在"健康第一"教育理念下,各学校要充分意识到体育教育的真正目的,那就是增进学生的身心健康,培养对社会有益的全面发展的人才。在这一理念的指导下,学生要提高自己的运动技术水平,这是一种增强体质的重要手段,同时还要掌握体育保健的原理与方法,养成积极参与体育运动锻炼的良好习惯。

5. 体育教育要服务于学生心理健康发展

心理健康教育也是学校教育的重要内容。据调查发现,我国很多学校都将提高学生的身体素质放在第一位,而忽视了学生的心理健康教育,这一做法是不对的。随着现代社会竞争的日益激烈,学生也相应地产生了较大的心理压力,进而出现了各种心理问题。因此,学校要高度重视大学生的心理健康教育,在体育教育时不能忽视心理健康的教育。平时可以组织各种形式的会议或活动,为学生提供力所能及的帮助。

6. 体育教育要服务于学生社会适应能力的提高

通过学校体育教育,学生能学习到各种各样的体育竞赛规则,学生能充分认识到整个竞赛过程要保持公平、公正、公开,认识到规则的重要性。这对于学生协调人际关系,增强团队的凝聚力,培养社会责任感,以及对我国的社会主义精神文明建设都具有重要的意义。因此,在今后的学校体育教育中要深入挖掘教育内涵与价值,充分贯彻"健康第一"的教育理念,促进学生全面素质的发展和提高。

(三)"健康第一"教育理念的贯彻

在学校体育教学中,坚持"健康第一"的教育理念非常重要,在这一教育理念下,学生能建立正确的体育观念,从而能更好地投入日常学习和生活中。要想贯彻好"健康第一"的教育理念,需要注意以下几个方面。

1. 提高体育教师的综合素质

教师在学校体育教育中扮演着十分重要的角色,教师是学校教育的组织者与管理者,指导着体育教学活动的进行。因此,加强体育教师的培训,提高教师的综合素质尤为必要。

在体育教学中,还要加强体育教师的监控教学的能力,如组织与管理教学活动的能力,管理学生发展的能力,评估学生技能的能力,以及体育科研能力等。这几项能力都是体育教师综合素质的重要内容,都要引起重视。

2. 加强体育、卫生的有机结合

学生的体育健康教育还少不了营养、卫生等方面的教育,在平时的教学中,要将身体锻炼与卫生保健充分结合起来进行。因此,加强学生的营养和卫生指导是非常重要的。

3. 培养学生的健康意识和行为

在体育教学中,体育教师应结合本校的具体实际和学生的身心特点及发展规律,制定出适合学生全方面发展的体育教学大纲和教材,组织好学生参加体育运动锻炼。在上体育课时应注意适量,不应矫枉过正;在体育课外活动中应加强体育教师的指导力度;多开展多种形式的体育比赛;有针对性地加强营养学、心理学、保健学、环保学、身心健康等方面的知识教育。

4. 加强学生综合素质的培养

受传统教育观念的影响,在以往的体育教学中,大部分体育教师都过于重视运动技术的培养,而忽视了体育健康知识的传授,这导致学生参加体育锻炼带有一定的盲目性,因此,要加强学生健康知识的培养。

综上所述,学校体育教育要综合各方面的因素取得全方位的发展,要以运动技术为主,同时注重对学生健康知识和健身方法的传授,充分挖掘和开

发适合学校教育的体育课程,充分激发学生学习体育的兴趣,培养学生终身体育锻炼的意识和习惯。

四、大学生"终身体育"理念的培养

(一)终身体育的概念

终身体育,是指人们在整个生命过程中所进行的科学的、有效的身体锻炼和所受到的各种体育教育的总和。这一理念是人们对体育教育和体育锻炼存在意义的总结和提炼,非常符合现代社会发展的要求。终身体育理念贯穿于人的一生,有着丰富的内涵和外延。一般情况下,终身体育主要包括学前体育、学校体育和社会体育三个阶段,其中,学校体育是最为关键的一个环节,对人的一生将产生至关重要的影响。

现代社会的竞争异常激烈,要想更好地生存与生活,就必须要适应现代社会的发展,具备较强的社会适应能力。这对大学生是一个极大的考验。为适应现代社会的发展,大学生必须要具备完善的知识结构和出色的身心素质。大量的实践充分表明,经常参加体育运动锻炼,不仅能增强人的体质,还能促进人的心理完善,提高人的社会适应能力。不但能使我们拥有强健的体魄,还能促进人们心理健康水平的提高。由此可见,体育教育非常重要,通过体育教育能很好地贯彻与实施终身体育理念。

(二)终身体育的特征

1.体育锻炼时间的终身性

在传统教育观念影响下,我国大部分学校都比较重视学生运动技能的培养,而欠缺体育基础知识的传授和个性化的培养,这对于学生的全面发展是非常不利的。在这样的情况下,"终身体育"的理念就应运而生了。传统的体育教育观念强调学生在校园中接受体育教育,时间比较固定和统一,而学习的内容也只局限于体育知识和运动技能两个方面。而终身体育除了注重学生理论知识与实践练习的培养外,还主张帮助学生养成终身体育锻炼的意识和习惯,强调体育锻炼要伴随人的一生。因此说,体育锻炼时间的终身性是终身体育的一个重要的特征。

2.体育锻炼群体的全民性

终身体育强调不同年龄、不同性别、不同阶层的人都有参与体育运动锻

第一章 体育强国与体质健康相关概念解析

炼和接受体育教育的权利,在人的一生中人们都可以参加体育运动锻炼,由此可见,终身体育具有全民参与性的特征。近些年来,我国的群众体育获得了一定的发展,而终身体育则成为群众体育活动的重要指导理念,这是现代社会发展的一个重要趋势。大部分的终身体育论者都认为,人们在社会上生存与发展都离不开体育。体育成为人们学习、工作及休闲的重要辅助手段,成为人们一种重要的生活方式。

3. 体育锻炼目的的实效性

终身体育的终极目标是增强人的体质水平,改善人们的生活质量,促进人的身心全面发展。由此可见,终身体育具有体育锻炼目的的实效性的特征。通过参加各种各样的体育活动,人们能满足自身的需要,人们可以依据自己的爱好和实际情况自由选择体育运动方式,这种锻炼具有明确的目的性,因此能取得理想的锻炼效果。

(三)终身体育的贯彻与落实

1. 要注重培养终身体育的意识

终身体育教育不是一件容易的事情,要想建立良好的终身体育理念,首先就要帮助学生提高自身的体育意识,养成自觉参加体育运动锻炼的习惯。大量的心理学研究表明,人的行为是在一定的动机和兴趣的基础上产生的,只有具备了一定的动机才会产生某种行为。

在平时的体育教学中,体育教师还要注意自身良好形象的塑造,要努力提升自身的综合素质和人格魅力。只有如此,才能给学生带来良好的印象,帮助学生形成正确的体育意识,养成积极参与体育锻炼的良好习惯。因此各学校还要重视体育师资队伍的建设,不断提高体育教师的综合素质。大量的实践充分表明,高水平的教师往往能赢得学生的敬重和信任,从而促使学生以积极饱满的热情投入学习之中。

2. 培养学生多向思维的能力

在以往的体育教育中,大多是学生单一思维的教育,教师和学生利用事物的单一性直接思考,从而找到解决问题的方法或途径,但随着现代社会的不断发展,这一思维已比较落后,难以适应时代发展的要求。因此,在体育教学中,亟须树立多样型的思维(多维型思维),在平时的教学中要注重学生多样型思维的培养,学生可以举一反三,引发各种联想,提高创新能力。在具体的教学中,教师可以安排一些举一反三的思维训练,将思维训练作为体育教育的一项重要内容来抓。

3. 适时调整体育教学目标

在现代社会快速发展的形势下,以往那种单纯追求学生有机体改造的方法已无法满足内在自我实现的要求。而在终身体育理念下,学校体育教育又焕发出新的活力,促进了人的自我更新和完善,人的生命实现了自我改造与发展。学校体育教师是贯彻实施终身体育的关键环节,它对于学生身心的全面发展具有非常重要的意义。

在当前的教育背景下,学校体育被视为终身体育锻炼的有机组成部分。学校体育教育部门要树立强身育人的目标,贯穿终身体育的主线,帮助广大学生建立终身体育的理念,使其终身受益。

4. 调动学生终身体育的积极性

在体育教学中,体育考核与评价是必不可少的组成部分,只有通过体育考核与评价,教师才能利用得到的反馈信息及时调整教学方案或计划,促进学生的发展。另外,通过各种反馈信息,教师可以充分了解当前的教学效果,发现不足并找到解决的对策,还可以充分调动学生学习体育的积极性,培养自觉参与体育锻炼的习惯。在具体的体育考核与评价中,考核的项目与标准要因人而异,不能一概而论。要让学生最大限度地表现自己的体育技能,增强学生的自信心,提高学生自觉参与体育运动锻炼的积极性。而对于那些运动水平较差的学生,可以适当调整他们的考核标准,避免学生产生自卑心理,要引导这部分学生树立学习体育的自信心,从而实现学生体育能力的共同发展。

5. 注重体育学习能力的培养

在传统的教育理念下,学校往往只重视学生体育知识与运动技能的培养,对于学生的体育学习能力的培养则比较欠缺。体育学习能力是指学生对体育科学活动适应和自身学习行为的心理调节。学校应结合当前社会背景及学校体育教育的特点,培养学生的体育学习能力。

6. 丰富体育教学内容

受传统教育思想的影响,很长一段时间以来,我国大部分学校都严格按照教学大纲开展体育教学活动,在这样的情况下,体育授课内容较为单一和枯燥,学生学习的积极性不足。而体育教师机械的教学对于学生的创新能力的培养也是十分不利的。在这样的教学环境下,教学质量难以获得提高。

现代社会的发展要求学生能够独立自觉地参加体育运动锻炼和接受体育教育,这也是终身体育的重要内容。为促进学校的终身体育教育,必须要进一步丰富体育教学的内容,高校要进一步拓宽选修课的范围,可以选择一些互动性较强、娱乐程度较高的运动项目,如交际舞、保龄球、溜冰等具有良好健身性和娱乐性的体育项目;还可以适当开展一些篮球、乒乓球、足球、健美操等活动,帮助学生养成积极参与体育运动锻炼的意识和习惯。另外,还可以适当引导学生关注当下的体育热点,让学生解说当前比较流行的大型体育比赛。学生也可以自行组织各种规模的体育比赛,从而培养和提高自己的组织与管理能力。

7. 改善场地、器材以便更多开展课外体育活动

体育教学仅仅依靠课堂来培养学生的终身体育理念是远远不够的,还需要通过各种课外体育活动进行。学生在体育课堂上学习到的体育知识和技能是有限的,还需要依靠丰富的课外体育活动来补充。这就需要足够的配套设施予以支持。

五、世卫组织(WHO)的"10 条健康标准"

世界卫生组织提出了有关健康的 10 条标准。如下所述。
(1)有充沛的精力,能从容不迫地处理日常生活和工作压力,而不感到过分紧张和疲劳。
(2)处世乐观,态度积极,乐于承担责任,事无大小不挑剔。
(3)善于休息,睡眠良好。
(4)应变能力强,能很快适应外界环境中的各种变化。
(5)能够抵御一般性感冒和传染病。
(6)体重适当,身体匀称,站立时,头、肩、臀位置协调。
(7)眼睛明亮,反应敏捷,眼睑不发炎。
(8)牙齿清洁,无龋齿,不疼痛,牙龈颜色正常,无出血现象。
(9)头发有光泽,无头屑。
(10)肌肉丰满,皮肤有弹性,走路感觉轻松。
另外,世界卫生组织还提出了人体健康的新标准——"五快"与"三良好"。
(1)"五快"
吃得快:保持良好的食欲,吃得香甜,吃得平衡,吃得适量。不挑食,不

厌食,不偏食。

便得快:指大小便通畅,胃肠消化功能良好。要养成良好的排便习惯,最好每天一次,最多两次。

睡得快:指上床后很快熟睡,并睡得深,不容易被惊醒,又能按时清醒,不靠闹钟或呼叫。醒来后头脑清楚、精神饱满、精力充沛、没有疲劳感。保持良好的睡眠,在于提高睡眠质量。

说得快:指思维能力好,语言表达准确、清晰、流畅,能迅速领会和理解别人的话语。

走得快:走路脚步自如,活动敏捷,心脏功能良好。

(2)"三良好"

良好的个人性格:性格温和,意志坚强,感情丰富,胸怀坦荡,豁达乐观。

良好的处世能力:观察问题仔细,自控能力强,能很好地适应社会及周围的环境。

良好的人际关系:良好的人际交往水平,能助人为乐,与人为善,对人充满热情。

第二章　体育强国建设与大学生体质健康的研究

体育强国,是新时期我国体育工作改革和发展的目标,也是我国近期要力争实现体育大国向体育强国转变的重要任务。2019年9月2日,国务院办公厅印发《体育强国建设纲要》(以下简称"《纲要》"),《纲要》要求体育人数和人均体育场地面积要达标,这也就从侧面对国民体质健康提出了更高的要求。因此,体育强国建设对于大学生体质健康是有积极的促进作用的。本章主要对大学生身心发展特点、大学生体质健康现状及问题、体育强国建设与大学生体质健康的关系几个方面进行分析和研究。

第一节　大学生身心发展特点

一、大学生身体发展特点

通常,大学生的年龄界定范围为18~25岁,这一年龄段正处于青春发育期的后期,从生理学上来说,这一时期是由青春期向成熟期过渡的关键性阶段,具有重要的衔接意义。这一阶段中,人的身心各方面都会逐渐发展并趋于定型,主要包含身体方面的如体格、体态、体姿、体力、机能等,心理方面的如心理、性格等。

大学生身体发展特点主要体现在以下几个方面。

(一)身体形态发展特点

关于大学生的身体形态,首先,其在整体的发育速度上是呈现出减慢的特点的,其次,其身体形态的发育存在着性别上的差异性,且差异性较大。

1.身体形态发育减慢

大学生是处于青春期和成熟期之间的一个过渡时期,会受到生长激素分泌减少的抑制作用,这就会导致大学生身体生长发育速度出现显著减慢的特点,各方面的身体指标已经处于相对比较稳定的状态,比如基本的身高、体重和各器官的生长发育。另外,大学生的身体各部分的比例、体格、体型和身体姿势等也与成人相差无几了。通常情况下,人体身高增长速度最快的时期为人体进入青春期后2~3年的时间内,具体在性别上是有差别的,一般的,女子的身高增长高峰期处于17岁左右,男子的身高增长高峰期则在19岁左右,之后,大学生身高的增长速度就会呈现出逐渐减缓的趋势,直至完成骨化而终止。体重一般是男生20岁、女生18岁就趋于稳定。其他有关指标,如胸围、头围、肩宽、骨盆宽等生长指标在大学时期均日趋徐缓。在青春发育期的最后阶段,大学生要将身体的全面锻炼作为关注的重点,同时,随着年龄的不断增长,要广泛开展并参与到各种锻炼活动中,较为理想的活动有田径、体操、球类、游泳、舞蹈等。这些运动项目都是非常有利于大学生运动器官的发展和完善的,有助于身体的全面发展,长期锻炼,能起到匀称体形、健壮体格的显著作用。

2.身体形态发育性别差异明显

当进入大学时期,人体的身体发育已经逐渐趋于成熟。但是,在性别上的差异性也较为显著,尤其是在体型发育方面,男子的发育特点主要表现为上体宽粗、骨盆窄、下肢细;女子则主要表现为上体窄细、骨盆宽、下肢较短粗。

(二)生理机能发展特点

大学生在生理机能上的发展特点,在新陈代谢以及各个身体系统上得以体现。

1.新陈代谢方面

新陈代谢,就是生物体与外界环境之间的物质和能量交换以及生物体内物质和能量的转变过程,为便于理解,通常会将新陈代谢分为物质代谢和能量代谢来加以分析。

大学生的生长发育已经趋于成熟,但从严格意义上来说,其还没有达到成熟的程度,物质代谢和能量代谢的水平均比较高。与此同时,体育锻炼能够有效促进并提升人体的新陈代谢过程和机能活动水平,所以,应该抓住大学生这一关键时期,来使其体质得到有效增强。如果错过这一时期,后面的效果就不会这么理想了。

2.神经系统方面

进入大学阶段之后,人的大脑发育已经基本成熟,神经系统的发育也基

◀ 第二章 体育强国建设与大学生体质健康的研究

本成熟,这就会使得其在神经方面的灵活性有所提高,血管的机能水平也与成人无异。第二信号系统发展迅速,它与第一信号系统更加完善,分析与综合能力显著提高。所以,大学生在智力、记忆力、抽象思维方面都会有显著的发展和提升,分析综合能力也处于快速发展阶段。

3. 心血管系统方面

心血管系统的组成部分有两个方面,一个是心脏,一个是血管。心血管系统的主要任务是人体新陈代谢的运输,其是人体发育时间最晚的一个系统。心血管系统的发育水平,是衡量人体健康的一个重要标准。大学阶段的人体,心脏的机能水平是比较高的,其发育特点主要表现为:每搏输出量增大,心率缓慢,收缩压增高,血液供应与机体负荷的增大需要相适应,所承受的运动负荷也相对较大。

大学生的心脏,不管是形态上,还是功能上,都已经与正常成人基本持平。一般的,大学生的心脏质量能够达到 300~400 克,心脏容积达到 240~250 毫升,心跳频率每分钟 65~75 次。对于部分大学生来说,可能会在刚入学的时期有青春期高血压的情况发生,这也是大学时期心血管系统发育方面所呈现出的一个特点。

这个时期,大学生所能承受的运动负荷已经有所提升,但是注意在强度上要有所控制,强度不宜过大,尤其对于持续时间长的速度耐力性项目。随着年龄的增长,在循序渐进原则的指引下,运动负荷和强度都可以适当逐渐增加。

4. 运动系统方面

运动系统的组成有三部分,即骨骼、关节、肌肉。

(1)大学生的骨骼发展特点

一般来说,人体的骨骼,在 25 岁左右就基本上发育完成了。之后,随着年龄逐渐增长,骨骼内质地较柔软的有机物和水分则呈现出逐渐减少的状态,较坚硬的无机物逐渐增加,骨密质会进一步增多,骨骼在粗度和硬度上会有进一步的增加,这就导致其承受压力的程度也增加。到了大学高年级时期,人体的骨化发育过程就基本完成了,之后要想再在身高上增加几乎是不可能的了。

(2)大学生的关节发展特点

大学生的关节发育特点主要表现为:软骨较厚,关节囊韧带伸展性大,关节周围的肌肉细长。这就决定了关节活动的范围是比较大的,但是同时,也会导致其牢固性较差,如果受外力的影响,脱位的情况会经常发生。这就需要通过锻炼来使其柔韧性得以发展和提升,同时,在关节的坚固性上也要加以注意,从而使关节脱位的情况尽可能避免。

(3)大学生的肌肉发展特点

随着年龄的增长,肌肉中水分明显减少,有机物增多,肌纤维增粗,横向发展较快,肌肉重量不断增加,肌力增强。因此大学生要多参与力量练习,从而对肌肉的继续生长起到促进作用。

5.呼吸系统方面

大学时期,人体肺脏也有了显著的发展,尤其是横径和纵径方面,有了显著增加,肺泡体积也有增加,从性别上来说,男生在这方面有一定的优势。在整个大学时期,呼吸系统发育的完善程度是逐渐增加的。

通常,我国大学男生的肺活量保持在3 800~4 400毫升,大学女生的肺活量范围在2 700~3 100毫升。因此,对于大学生来说,在这个时期应当将耐力素质作为发展的一个重点,从而达到自身肺功能进一步增强的目的。

(三)身体素质发展特点

身体素质,就是指人体的基本活动能力,同时,通过身体素质的发育水平,也能反映出人体各器官系统的机能。

大学生的身体素质发展特点,会在年龄、性别、地域等方面有所体现。

1.年龄方面

调查发现,关于身体素质中的速度、腰腹力量、静力性力量耐力、弹跳和耐久力等指标,在不同的年龄阶段,其发展特点也是不同的,男子19岁前,女子12、13岁前,随年龄的增长而增长。男生各项素质的高峰分别出现在19~22岁;女生则出现两个高峰,第一高峰为11~14岁,第二高峰为19~22岁,第二高峰各项指标比第一高峰都要高出一些。男生各项指标的增长高峰,只有速度(50米跑)出现时间比较早,在7~8岁出现,其他素质的增长高峰出现时间要相对晚一些,通常都在12~16岁期间出现;女生大部分素质增长高峰期都会在7~9岁时出现,而柔韧和耐力素质的第二个增长高峰出现在18~19岁。因此,对于大学生来说,其在身体素质方面仍需要加强锻炼,以使身体素质水平得到进一步提升。

2.性别差异方面

通常,男生在身体素质各项指标值方面,都是要比女生突出一些,比如,力量、灵敏度、耐力、速度等。但是,在某些身体素质指标上,女生是要比男生突出一些,比如、柔韧性、平衡能力。由此可见,在身体素质的发展方面,具有显著的性别差异。

3. 地域差异方面

我国地域广阔,地理位置的不同,经济发展水平也会有所差别,通常,经济发达的地区能够为学生提供良好的物质条件,因此,学生的速度、灵敏度、爆发力可以取得理想的发展效果;而经济不发达地区,为学生提供的物质条件就要差一些,更多的是对学生的力量、耐力素质起到了很好的锻炼效果。

(四)性发育特点

性成熟是青春期最重要的变化之一,它包括的内容主要有生殖器官的形态发育、功能发育和第二性征发育等。性发育在性别上是有显著区别的。

1. 男生性发育特点

男生的性成熟主要体现在其性器官——睾丸功能的发育与成熟上。睾丸的主要功能有二:一个是产生精子,一个是分泌雄性激素。最早在10岁前后,睾丸就会开始发育,12~16岁发育速度最快,17岁前后达到正常水平。遗精是性功能发育的重要衡量指标。第二性征发育特点为:开始长胡须,体毛多,喉结增大突出,音调变低、变粗,皮下脂肪减少,肌肉强健有力。

2. 女生性发育特点

女生的性成熟主要体现在其性器官——卵巢功能的发育和成熟上。卵巢的主要功能有二:一个是产生卵子,一个是分泌雌性激素。卵巢的发育敏感期为8~10岁,子宫的发育敏感期则为10~18岁。月经是生殖器官成熟的重要标志。第二性征的发育特点为:乳房逐渐隆起,乳头突出,声调变高,骨盆增宽,皮下脂肪增厚。

二、大学生心理发展特点

大学生的身体发展,也会促进其心理发展,并呈现出一定的特点,可大致归纳为以下几个方面。

(一)自我意识发展特点

自我意识,实际上是对个人身心活动的觉察,以及由此形成的对自我的情感。自我意识包含的内容、形式是非常丰富的,比如,自我观察、自我评价、自我体验、自我监督、自我控制和自我教育等。

可以将自我意识的形成与发展看作是个体社会化的过程。

1. 自我认识和评价水平显著提高

大学生在自我认识方面,自觉性和主动性会有所提升,与此同时,还能根据周围的人对自己的态度来进行自我评价,并保证该评价的客观性,由此,来对自己有更加充分的了解与认识。

2. 自我控制的愿望非常强烈,水平明显提高

对于大学生来说,其在自觉性和主动性方面有了显著提升,同时,还逐渐以社会标准、社会期望、社会条件为转移。

3. 自尊心十分突出

大学生的自尊心是非常强的,这在很多方面都有显著体现,比如,他们对真诚的赞扬是非常尊重且受用的,同时,他们也会因为遭受批评而产生内疚和羞愧的情绪。另外,他们在面对别人的嘲笑等方面,通常是很难接受的。

4. 独立意向十分强烈

大学时期处于青春期和成熟期之间,因此,他们在自主和独立方面有着强烈的需求,同时在摆脱对成人的依赖方面也有强烈的需求。如果这种意向和需求不能得到满足或者在满足的过程中受到阻碍,他们往往就会产生不满、对立的情绪或反抗行为。

5. 自信心、好胜心增强

大学生在接受新任务时,往往会对自己有较强的信心,会有想尝试的冲动,认为自己能够做好这件事情,且能取得理想成绩。

(二)认知能力发展特点

人的最基本的心理活动之一就是认知活动,其包含的内容也是多方面的,比如,观察、记忆、思维等。人们进行各种认知活动时所表现出的能力,就是所谓的认知能力,通常将其称为智力。

大学生的认知能力已经基本成熟,并且基本达到了最佳水平。通过智力方面的测验发现,个体的智测分数随年龄的增长而上升,发展到20岁以后才停止。韦克斯勒的智力量表分数表明,智力发展的顶点约在20~

25 岁。

一般的,大学生的智力发展特点如下。
(1)观察力有显著提升。
(2)记忆力发展程度最佳。
(3)抽象思维、逻辑思维发展速度非常快,且逐渐趋于主导地位。

(三)情感发展特点

情绪,可以理解为人对客观事物的一种态度体验,同时,其也是个体与环境对个体有意义的事件之间关系的一种反映。

大学生的情感世界是非常丰富的,但是,其情绪化的情况也非常容易出现,对事物表现出强烈的爱憎分明。如果大学生长期处于不良情绪的状态下,那么,就很容易出现精神障碍和身心疾病。通过体育运动锻炼,再加上学校体育教育的实施,大学生在运动锻炼的过程中能学会交往,学会调节情绪,学会自我控制,并通过体育运动锻炼使情绪获得适当表现和发泄机会。

(四)意志品质发展特点

意志品质,实际上就是一种精神的反映,比如,果断性、坚韧性、自制力以及勇敢顽强等。意志品质在大学生身上所表现出的特点为:有显著增加,在克服困难上具有自觉性和主动性,在行动中能充分认识到自己行动的目的性和社会意义。

对于大学生来说,他们基本上具备了较高的坚持性和自制力,但是,这在不同的个体身上有着显著的差异性。此外,大学生意志品质的发展在稳定性上还需要进一步完善。对于大学生来说,体育运动是非常好的一个培养其意志品质的途径和方法,且能起到显著的成效,在体育运动锻炼的过程中,大学生能够学会坚持、坚韧、克服困难。以上这些,对大学生的人格完善、抗压能力的提升都是有显著作用的。

(五)性格发展特点

一个人对现实的稳定态度以及习惯性的行为方式,就是所谓的性格。

在大学时期,他们的个性已经基本形成或者正在成型,自我意识越来越强烈,性格已基本形成并且具有较高的稳定性,人生观、世界观基本确立,在意志、理智、情绪等特征方面也逐渐朝着稳定方向发展。即便如此,也并不能肯定大学生性格是成熟的,还要进行必要的性格的自我教育和自我培养。

三、大学生身心发展规律

从群体上看,大学生个性心理面貌出现三大转变,即从闭锁向开放转变、从依赖向独立转变、从关心书本向关心社会转变。这三大转变是大学生身心发展规律的重要归纳,具体来说,可以从以下几个方面得以体现。

(一)生理成熟期普遍前移

现代大学生都是在20世纪90年代末期出生的,这一时期已经能够在物质文化生活条件上得到有效保证,这是对他们生理发育产生影响的重要方面。

生理上的成熟,导致大学生对性的渴望程度进一步提升,再加上当今社会文化的变革,使大学生对性的体验提前,这也是当前大学生同居现象普遍增多的一个重要原因。

(二)心理成熟度较差,性行为轻率

当今社会,人们的思想观念开放程度有所提升,对于大学生来说,他们在性观念上比较"开放"。但是,大学生性心理成熟度却是相对比较低的,且较为滞后,再加上我国在小学、初中和高中的性教育方面较为欠缺,这就导致大学生的性行为只是受性本能的驱使,在基本知识和保护措施方面没有系统的了解,没有充分考虑自己行为可能会导致的后果,较为轻率。这就导致在恋爱期间未婚同居,女生怀孕、流产的现象时有发生。

(三)积极的休闲态度

大学生的学习时间相对于初高中时期已经有了一定程度的降低,这就使得他们的闲暇时间较为充裕,大学生在休闲方式的选择上也是多方面的、非常丰富的,他们更能接受那些灵活多样的游戏规则。

(四)心态逐渐复杂多样化

对于现代大学生来说,健康向上、科学合理的心理状态还是占据主流地位的。但是,同时存在且不可忽视的问题是,大学生在一些方面消极甚至阴暗的负面心态也是存在的,这些负面心态的产生和形成原因是多方面的,其中客观原因包括社会文化、家庭影响、教育改革、体质变革等方面,主观原因则包括思想观念、思维方式、人格心理等方面。

(五)爱情的地位逐渐提高

对于处于青年时期的大学生来说,爱情虽不是大学里的必修课,但是,他们无论在生理方面还是在心理方面,都已经有了这方面的渴望,并且已经有了充分的准备。

著名心理学家埃里克森也指出,青年时期的主要任务是获得亲密感,避免孤独感。[①] 因此,在大学中,对大学生的婚恋教育加以重视也是不可忽视的重要方面。

(六)紧迫感、开拓性和竞争意识逐渐增强

大学生已经处于为走向社会做准备的阶段,因此,这一时期,他们要为毕业后在社会上立足而有所准备和作为,具体来说,就是必须时刻保持紧迫感,具有开拓精神,只有这样,才能跟得上时代的步伐。

综上所述,大学生是祖国未来的中坚力量,他们的生理和心理的健康成长是至关重要的,不管是社会、学校还是家长,都应该给予高度的重视。各方面相互配合,共同努力,为大学生的成长创造良好的环境,也为大学生的成长、成才提供必要的帮助。

第二节 大学生体质健康现状及问题

一、大学生体质健康现状分析

大学生的体质健康已经成为社会关注的重点内容之一,通常,以其身体发展特点为依据,可以从以下四个方面入手,来对其体质健康现状加以分析。

(一)大学生身体形态状况

目前,大学生的全面发展以及增进健康的问题已成为全世界所关注的热门话题,我国党和政府在这方面的重视程度也不断提升。但是,在大学生的身体形态方面仍然存在着一些显著问题,其中,最为典型的当属体重

---

① 陈晓蕾,单常艳,田云平.当代大学生身心发展特点和规律[J].科教导刊(上旬刊),2011(02):15+17.

异常。

调查研究发现,大学生的体重存在着显著问题,在调查的总人数中,只有六分之一的大学生的体重是保持在正常范围内的;其他都处于体重异常的范围内,其中,超重处于第一的位置,其次是肥胖、较低体重与营养不良。

通过进一步的研究发现,大学男生肥胖者、超重者比例比女生要高一些,而男生较低体重者、营养不良者比例低于女生;女生中非正常体重者占到五分之四还多,男生中非正常体重者与女生比,相差无几,只是高出一点;女生的身高标准体重指数稍好于男生。

(二)大学生身体机能状况

研究发现,大学生的心肺功能呈现出普遍下滑的发展趋势。只有人的身体机能得到发展,才能进一步提升和改善身体各个系统机能,比如,呼吸肌的力量增强,胸廓运动的幅度加大,能够使呼吸功能等得以改善;心肌力量增强,血管壁弹性增大,则能够使心血管功能等得以改善。

大学生身体机能的状况,主要体现在三个方面,即肺活量、心血管机能、血压。

1.大学生的肺活量状况

通过相关研究发现,肺活量体重指数优秀的大学生只占总人数的二十分之一左右,而不及格者则占据大半。进一步研究发现,肺活量体重指数不及格的大学男生比例比女生的比例要低一些,这与男生喜爱参与运动锻炼有关;绝大部分女生的肺活量体重指数在良好以下。而体质健康问题突出的男生中,肺活量体重指数良好以下者与女生相差无几,只比女生要略微低一些。由此可以看出,女生的肺活量体重指数比男生是要稍微差一些的。

2.大学生的心血管机能状况

通过相关研究发现,大学生心血管机能也呈现出逐级下降的趋势,其中,主要原因在于大学生的体育锻炼不足。大学中开设了体育课程,这些课程通常集中在一、二年级,这样就使学生在一、二年级每周参加体育活动的基本时间和运动强度得到了保证,通过系统的体育课教学,加之课后练习,一般学生的身体机能和素质都得到了很好的锻炼。然而,部分大学生随着体育课程的结束,在体育锻炼方面就中断了,从而导致其身体机能的逐渐下降。

3. 大学生的血压状况

大学生是一个特殊的群体,生活方式和知识构成与普通的青年群体不同,高血压及高血压前期的发病与一般青年群体之间也存在着一定的差别。

研究发现,在非正常血压的大学生中,有极少数学生是低血压,其次是高血压,再其次则是处于正常高值的学生。从性别上来看,体质健康问题突出的女大学生中非正常血压者占到了近四分之一,而男生中非正常血压者则超过了四分之一,由此可以看出,体质健康问题突出的大学生中女生的血压状况稍好于男生。

(三)大学生身体素质状况

身体素质在体质健康中是非常重要的组成部分,是人体在运动中所表现出来的力量、速度、耐力等身体基本状态和功能能力。

研究发现,大学四年间学生身体机能和身体素质变化形态呈现为"山峰"状,具体来说,就是大三年级呈上升趋势,大四出现明显下降趋势。

1. 立定跳远测验

调查测验发现,在体质健康问题突出的大学生中,立定跳远的测验只有五分之一的学生是及格的,即大部分学生都不及格;测验结果与性别也有一定的关系,其中,不及格的大学男生占男生总数的半数还要多,女生占女生总人数的比例与男生相差无几,要略低一些。可见,体质健康问题突出的大学生中,男生的立定跳远状况稍好于女生。

2. 其他测验

体质健康问题突出的大学生中,引体向上(男)/仰卧起坐(女)、1 000米(男)/800米(女)及格人数基本占五分之一,其中,女生比例比男生略高一些,不及格的男生则比女生要低一些。

(四)大学生的常见疾病

对于大学生来说,这一年龄阶段再加上生活习惯等方面的原因,通常会有一些疾病产生,其中,较为常见的是近视和龋齿。

1."不是病"的病——龋齿

龋齿是危害健康的常见病和多发病,世界卫生组织甚至把龋齿列于癌症和心血管病之后危害人类健康的第三种疾病。龋齿不仅造成严重的局部牙患,还会对食欲、咀嚼、消化、吸收和生长发育产生影响,除此之外,还有引起全身性疾患的可能性。

调查研究发现,在体质健康问题突出的大学生中,龋齿者占到了总人数的五分之二,其中最多的是中龋,浅龋、深龋、残冠、残根要少一些。在体质健康问题突出的大学生中,性别差异也是存在的,其中,女生中龋齿者占五分之二还要多,而男生中龋齿者还不到五分之二,由此可见,体质健康问题突出的大学生中男生的龋齿状况稍好于女生。

2. 最为常见的病——近视

调查研究发现,在大学生中,有半数以上的学生是近视的,其中,重度近视的学生占到总近视人数的半数以上,其次是中度近视学生,最后才是轻度近视学生。大学生的近视问题在性别上也有差异。体质健康问题突出的大学女生中,近视女生占女生总数的半数以上。而体质健康问题突出的男生中,近视男生所占的比例与女生差不多,只是略微少一点。由此可以归纳为,体质健康问题突出的大学生中男生的视力状况稍好于女生。

二、大学生体质健康发展中存在的问题

(一)大学生身体素质不断下降

调查发现,我国大学生的体质健康状况并不理想,这是一个普遍现象,整体上的身体健康水平呈现出逐渐下降的发展趋势。大学生体质健康水平下降的问题与趋势有以下表现。

(1)部分大学生存在着严重营养不良的问题,实际体重与正常体重相比,要低很多。

(2)大学生中的肥胖比例较高,很多学生的实际体重比正常体重是要高出许多的,并且这部分学生的数量是呈增加趋势的。

(3)大学生身体素质发展的协调性较为欠缺,他们在锻炼中通常会将单项身体素质的发展作为主要的关注点,却忽视了综合性的发展,这方面的意识要有所增强。

以大学四年为例,在前两年的低年级中,由于学生刚刚走进大学校门,对这个小社会充满好奇与新鲜感,因此,通常会积极参加学校或者院系组织的一些活动,这就为他们锻炼身体、提升身体素质提供了较好的机会和平台,因此,低年级学生的身体素质相对还是比较好的。但是,到了高年级之后,学生对学校的新鲜感和好奇心已经逐渐消失,他们的主要精力也从参与

各种活动上逐渐转向了未来的工作安排上,这样,就使得他们很少或几乎不再去参加学校组织的各种活动,缺乏良好的锻炼身体的机会,就会导致其体质健康水平不仅没有显著增强,还呈现出下降的趋势。

(二)大学生体质健康不受重视

在一些高校中,学校为了使高年级学生在学习专业知识、为考研做准备或找工作方面有充足的时间保障,就将体育课程的安排取消了。由此可以看出,学校对考研率与入职率都是更为重视的,但是却忽略了学生的身体素质与体质健康。在这样的情况下,即便大学生有意向进行身体锻炼、提高自身体质,但是没有一个很好的锻炼环境与氛围,学校现行的制度对其造成制约,这便会导致高年级学生的体质健康不断呈下降趋势。

三、导致大学生体质健康问题产生的原因

大学生体质健康出现问题,必定是有原因的。通过调查和分析,并且与当前大学生实际情况、社会发展的实际情况相结合,再经过综合和归纳,可以将导致大学生体质健康问题产生的原因综合为以下几个方面。

(一)营养与健康饮食思想欠佳

当前,尽管社会和经济发展迅速,人们的生活水平有所提升,但是,人们的观念在某些方面还没有发生转变,比如,健康生活观、生活方式以及健康意识,这些与现代社会和经济的迅速发展是不相适应的,具有一定的滞后性,这也将人们在营养与饮食方面缺乏科学的知识、在身体锻炼方面意识不强的情况体现了出来。

在我国,很多学生父母由于自身小时候的条件有限,生活艰苦,就想为自己的孩子创造尽可能好的生活条件,使他们能够一门心思地将精力放在学习上。但是,这样做不仅会对孩子的性格和生活习惯造成不良影响,还会导致孩子因为营养过剩而产生超重与肥胖,这并不是其父母所想看到的。

世界卫生组织和联合国粮农组织曾发出警告:快餐是导致越来越多大学生肥胖的主要原因。美国的快餐业十分发达,据调查显示,经常食用快餐的美国人多为超重或肥胖体型。在我国,一部分人缺乏科学的营养知识,饮食以快餐为主,再加上近年来外卖的兴起,很多学生更是在运动上大大减少,便捷的生活却成了他们体质下降的罪魁祸首。在生活节奏不断加快的现代社会,大学生的学习与就业压力不断增加,这就使得大学生热衷于各种高热量的快餐,在饮食方面没有科学与营养搭配的意识,长期使用快餐,使

得大学生的身体健康状况不容乐观。

(二)家长不重视学生的体育锻炼

大部分的家长,普遍认为孩子作为学生的唯一任务就是上课学习,读好的学校,除了上课,周末还安排有各种培优,对于孩子的精神压力和体质健康状况关注太少。进入大学后,学生为了找份好工作,还有各种专业课的学习和课后作业,这些都占据了其闲暇时间,这也使得看似并不重要的体育运动锻炼被忽视,从而导致大学生普遍存在体质下降的情况。

(三)学校体育课程安排不合理

现阶段,普通高校都开设了体育课程,但是这一课程通常在低年级开展较为广泛,而且普遍每周只安排一节或两节体育课。尽管高校体育教学随着高等教育的改革而进行了相应的改革,但体育教学兴趣性与科学性的欠缺仍然是不争的事实。

在高校安排的体育课中,重点通常放在大学生的现实锻炼上,注重的只是短期的锻炼效果,终生体育锻炼意识的培养和树立却被忽视,由此可见,学校对大学生参与身体锻炼的重要性的认识和理解还不够全面和深入。这也是高校体育教学中,普遍存在教学内容较为单一、学习起来会感到枯燥的主要原因所在。另外,对于部分体育教师来说,他们在课上的教学责任心是较弱的,其通常只是机械式地进行课堂教学,完成教学任务,却并没有解决大学生自觉锻炼意识与行为引导方面的问题。

对于大部分的高校来说,其在课程安排上是重理论轻体育的,繁重的文化课学习,再加上体育课课时的少之又少,就导致学生没有过多的精力上体育课,课余自己锻炼的时间更是少之又少。

(四)体育场所、设施不够完善

体育教学在高校的开展与实施普遍存在着资金短缺的问题,而这又会进一步导致锻炼场所与设施的缺乏。对这一问题的唯一解决途径是拓展资金渠道,仅仅依靠国家体育总局和教育部投入资金是远远不够的。体育教学的发展和锻炼基础设施体系的完善与全国各省市以及社会各界力量的支持、贡献有着不可分割的密切联系,加强各方力量的集体协作才能使体育教学与场所设施的完善得到保障。

体育教学的开展是需要在一定的物质基础上进行的,而充足的体育场地和相关设施则是不可或缺的重要组成部分。近年来,我国对高校体育锻炼场地与设施的发展、完善的重视程度越来越高,各类高校也对此不断增加投入,且专门有用于体育活动的经费。尽管如此,我国高校体育锻炼的场地与硬件设施缺乏问题仍然严峻,亟须解决。

(五)饮食不平衡

饮食不平衡,是导致营养不良的主要原因。那些体型瘦弱和超重、肥胖者都是由于营养不良所导致的。因此,保证饮食平衡才是解决问题根本所在。

大学生要想使自身的体质健康水平得到提升,保持良好的健康状态,就必须保证其所摄取的营养是均衡的,这是重要的基础,不可替代。

很多大学生,在走入大学校门之前,衣食住行通常都是由父母张罗的,进入大学后,往往会表现出饮食不规律、不科学的现象。比如,有很多大学生,以快餐类食品为主,高油、高盐、高糖,食物营养流失严重;还有一部分大学生习惯于晚起,没有时间吃早餐,或者根本就没有吃早餐的习惯,这会导致胆结石等疾病的发生;还有一小部分大学生,尤其是女生,有吃零食的习惯,这也是导致营养不良的重要原因。除此之外,有些大学生在步入大学之后开始了高考后的休假模式,无节制地放松身心,经常通宵上网、玩游戏、看电视,这些对体质的发展都是非常不利的。

当前,很多人,尤其是女生,都有以瘦为美的观点,追求美是无可厚非的,这是每个人的权利与自由,但是,切不可对"瘦"有过分追求。这种过分追求瘦的观点在很大程度上影响着女大学生,她们往往会过分节食,三餐无规律,使营养输出大于输入,造成营养不良,严重者还有导致"厌食症"的;还有一些大学生为了尽快达到瘦的目的,盲目使用减肥产品,服用减肥药,这样往往会导致内分泌失调,这不仅很难取得减肥效果,还会严重影响身体健康。

(六)锻炼的机会和时间得不到保证

据估计,大学生中,只有三分之一是经常参加体育锻炼的,而经常参加较为剧烈的体育运动者少之又少,不足十分之一,女生进行体育锻炼的则更少。体育锻炼的不足,会对大学生体质健康发展产生重要影响。

具体来说,大学生在锻炼方面的不足,体现在两个方面:一是锻炼机会方面,二是锻炼的时间上。

1.缺少锻炼机会

缺乏锻炼,是导致大学生体质下降的一个非常重要的原因。在科学技术日益发达的今天,学生往往更喜欢宅在家里玩游戏或者刷视频,很少会选择通过户外运动来锻炼身体,提高体质水平。由此可以得知,大学生在现阶段的生活方式主要是"以静代动",这也是其肥胖、身体素质下降的主要原因。

一方面,大学生出行大部分会选择坐车,很少会选择步行与骑车的形式;另一方面,家长对学生的过分呵护和以子女为核心,使学生很少有机会去接触那些具有一定挑战性和刺激性特点的项目,而学生由于被允许参与的体育运动项目过于安全和简单而很容易失去对体育运动锻炼的兴趣。这些都是造成大学生体质下降的原因。

2.锻炼时间不够充足

大学生体育锻炼方法的欠缺与其锻炼时间的不充足也有着密切的联系。社会、学校和家庭等学生所处的环境都是注重智力教育,忽视体育教育的。面对文化课教师占用体育课时间,体育教师无故离岗,学生参与体育课的人数减少等现象,学校经常是视而不见,且很少想办法改善这一状况。

大学生进入高校之后,由于高校的教学模式与中学不同,会需要较长的时间来适应这种改变,再加上大学生自我控制与管理能力较为缺乏,作息时间不规律,养成了一些不好的生活习惯,这就会导致其体质健康水平呈现出下降的趋势。

当前,面对社会发展,大学生承受着来自多方面的巨大压力,尤其是高年级学生,面临着严峻的就业形势。为了做好就业准备,大学生将几乎全部时间都用于学习和找工作上,几乎没有能用于体育运动锻炼的时间,这就会导致大学生身体素质大大降低,同时,面对竞争及压力而导致心理过于紧张与害怕,使其心理健康水平下降。由此,便出现了健康的恶性循环。

(七)学生不良的生活方式

大学生"饿了外卖、生活所需送货上门",养成了"吃在宿舍、睡在宿舍、玩在宿舍"的习惯,[①]这种便利的生活条件,大大减少了其外出锻炼的运动机会。可以说,学生的起居、作息无规律,对其生物钟会造成严重影响,也对体质健康状况不利。

1.烟酒嗜好

据全国抽样调查显示,大学生中有三分之一以上是吸烟者,其中每天都

---

① 董霞.大学生体质健康现状及问题研究[J].西部皮革,2018,40(24):50.

吸烟者约占半数,主要为男生。在调查人数中,有三分之二是经常或有时喝酒者,其中尤以男生居多。烟酒嗜好,已经成为人体健康的最大隐患之一。

2. 网络成瘾问题

由于年龄的特点以及生理和心理的压力,大学生的网络成瘾问题已经非常严重。网瘾会对大学生精神和社会发展造成不利影响。

综上所述,由于大学生在健康意识和卫生知识方面的欠缺,以及行为上的不够节制与规范,再加上不良的生活习惯,使得大学生整体人群中健康问题较为严重,健康状况不容乐观。对大学生的健康教育,成为学校和社会的当务之急,刻不容缓。

第三节　体育强国建设与大学生体质健康的关系

一、从大学生开始实施体育强国建设举措

2019年,国务院办公厅印发《体育强国建设纲要》(以下简称"《纲要》"),部署推动体育强国建设。[①] 体育强则中国强,体育强国建设与健康中国战略一脉相承,两者的目标是一致的,都是为了满足人们对美好生活的追求,为人们的健康保驾护航,这也将现代社会的时代特色和精神体现了出来。

《纲要》有着非常重要的现实意义。大学生是祖国未来的重要力量,是社会发展的栋梁,承载着祖国的未来和希望,因此,这就要求大学生必须拥有健康的体魄,这是最为基本的条件,否则,民族兴旺、国家强盛都无从谈起。

《纲要》的实施,一定会积极推动大学生体育运动的开展、促进体质的提升。同时,要求广大大学生,要紧紧抓住这一契机,立足当下,逐渐养成体育锻炼的良好习惯,并且将其作为一种生活理念,在体育锻炼中,坚持不懈,在有效提升自身体质水平的同时,也积极锻炼意志品质,健全人格,磨砺奋斗精神,用汗水汇聚成实现体育强国梦、实现中国梦的青春力量。

---

① 谭敏.建设体育强国当从青少年始[J].甘肃教育,2019(18):7.

二、大学生体质健康促进的理论框架

大学生体质健康促进,是需要一定的理论基础作指导才能顺利实现的,具体来说,目标、主体和构成要素几个方面就组成了大学生体质健康促进的理论框架。

(一)大学生体质健康促进的目标

体质健康促进,本身就是一种社会行为,这种社会行为是指运用组织或行政手段来积极协调社会各相关部门以及个人家庭和社会等各个方面,然后一起维护和促进健康。

大学生体质健康促进,指的是宏观意义上的健康促进,并不仅局限于简单的体质获得与改善,身心全面和谐发展才是其精髓所在。可以说,只有在身心全面和谐发展的基础上,人具备可持续发展的潜能与条件、获得不竭的动力才有可能,可持续发展的目标也才有可能实现。

通过各种手段的利用来服务于大学生体质健康促进,在满足他们体育需求的前提下,积极调动起他们积极参与到能有效增强其体质健康水平的体育运动锻炼中的兴趣,使他们从心理上发生转变,动机也发生转化,是积极主动地而不再是被动参与体育运动锻炼。

从人的发展历程的战略高度着手,要充分把握大学生的当下,以此来充分把握国家的未来和发展。国民素质的提高、社会的文明进步,都是以学校体育为依托的,全社会将各自的力量发挥出来,共同努力,才能使大学生体质健康水平得到有效提升。

教育包含的内容非常广泛,学校体育只是其中的一个组成部分,学生的教育目标和增进学生健康的目标都要实现,其中科学的体育锻炼是增进健康最积极的手段。学校体育突出了健康教育的思想,也进一步体现了体育的本质,真正为社会的发展和进步做出了贡献。而健康教育通过体育教育的形式,其生动性、具体性、有效性都得到了进一步的提升。

另外,卫生与营养对于大学生健康促进也有着重要的意义。将卫生、教育、人力资源等行政部门联合起来,能够有效监测学生卫生与营养状况,从而对大学生体质健康起到积极的促进作用。

综上所述,可以将大学生体质健康促进的总目标归纳为:学校、家庭和社会通过学校体育、卫生与营养、健康教育等手段和方式,本着"健康第一"的科学理念,使广大大学生在身体形态、生理功能、运动能力、对自然环境与社会环境的适应能力等方面处于良好状态。具体目标包含多个方

第二章 体育强国建设与大学生体质健康的研究

面:第一,对大学生的体质健康需求加以预测;第二,将大学生体质健康促进计划制定出来;第三,将大学生体质健康促进的供给系统建立起来;第四,将大学生体质监测体系构建起来;第五,将大学生体质健康数据库构建起来等。

(二)大学生体质健康促进的主体

大学生体质健康促进的主体并不是单一的,而是多方面的,从不同方面有不同的划分和理解。

1. 宏观层面上的主体

从宏观层面上来说,大学生体质健康促进的主体是指相关的一些行政部门,比如,体育部门、卫生部门、财政部门、文化部门、公安部门、人力资源和社会保障等部门。

2. 中观层面上的主体

从中观层面上来说,大学生体质健康促进的主体是指相关的一些事业单位和组织,比如,类型不同的学校、社区组织、体质监测机构、医疗卫生单位等。

3. 微观个体层面上的主体

从微观层面上来说,大学生体质健康促进的主体是指一些参与其中具体工作的人员,比如,参与教学工作的体育教师、参与体质监测的体质监测人员、营养与卫生服务人员等。

(三)大学生体质健康促进的构成要素

大学生体质健康促进的构成要素也是非常丰富的,包含的内容涉及多个方面。

1. 基本要素

大学生体质健康促进的基本要素是由多个方面构成的,主要有体育活动、体育场地设施、营养与卫生服务、健康教育、体质健康监测等,这些要素之间并不是相互独立的,而是相互联系、相互影响的,它们共同组成一个有机的动态整体。从客观意义上来说,它会随大学生体质健康需要的改变而发生一定的改变。

2. 核心要素

处于大学生体质健康促进的核心地位的要素是体育运动。大学生在速度、耐力、爆发力等方面的持续下降，将大学生在体育运动方面的不足直接体现了出来。体育运动是促进大学生体质健康最为积极、有效的方式。

3. 体育场地设施

大学生体育健康促进还需要重要的物质保障基础，这主要是指体育场地设施。对于大部分的体育运动来说，其开展是需要必要的场地设施来保证的，否则，运动就无法开展，或者无法取得应有的理想锻炼效果。

4. 营养与卫生服务

大学生是人，人需要营养和卫生方面的保障，这方面是不可替代的重要条件，也是大学生体质健康水平提高的重要基础。要保证这方面的服务质量，需要学校、家庭和卫生单位相互配合，从而使大学生营养摄入的均衡性以及卫生服务条件等能较好的保证。

5. 健康教育

健康教育在大学生体质健康促进的过程中也发挥着非常重要的作用，处于关键地位，主要表现为引领作用。

针对大学生，要有计划、有组织、有系统地开展相关的一些健康教育活动，通过这种方式，使他们在采取有益于健康的行为和生活方式上形成一定的自觉性，尽可能消除掉或者减少那些对健康产生影响的危险因素，对疾病起到预防作用，对健康起到积极的促进作用，在提高生活质量的同时还要客观有效地评价教育效果。

6. 体质健康监测

体质健康监测是对大学生体质健康水平进行有效监测的重要手段。通过检测大学生体质状况，能够以检测结果为依据，对国民体质监测系统和数据库进行进一步的充实和完善，对大学生的体质发展趋势有更加全面和客观的了解，进而使大学生体质与健康水平得到有效提升。

三、体育强国建设中促进大学生体质健康的重要机制

大学生体质健康促进机制，实际上就是一种活动模式，在这一模式中，

第二章 体育强国建设与大学生体质健康的研究

政府、家庭、学校、社区等资源与力量得到最优化组合。

从实质上来说,体育强国就是加强社会大众体质、提升全民族生活水平与身体素质的一项重要举措。大学生作为我国社会主义的接班人,是民族的希望,其体质健康对社会生产力、日后综合国力所产生的影响都是巨大的。现如今,我国大学生体质健康出现了诸多不容小觑的问题,这与大学生全面发展、社会大众的素质水平、我国体育事业长远发展都有着密切的关系。大学生体质健康既受遗传因素影响,还与后天干预关系密切。

大学生体质健康促进机制需要从决策、管理、保障、评价与监督等四个方面改进,这四个方面相互衔接、相互补充,共同组成一个有机整体。

(一)决策机制

决策机制在体质健康促进机制中处于主要地位,其自始至终都包含在其他的机制运行过程中,同时,其还是其他机制设计的重要基础,不可或缺。

决策的有效性,在很大程度上取决于其所制定的决策体系是否完整,其所包含的内容有三个方面,即权力结构、责权利关系、组织保证体系,具体如下。

1. 权力结构

关于权力结构,其主要功能在于将一些权力关系直观地展示出来,并加以明确,这些权力关系涉及体育、卫生、教育等政府各相关部门。

首先,必须要明确决策主体。决策主体具有多元化和多样性的特点,主要是指那些与提高大学生体质健康相关的部门和单位,对各个决策主体进行明确规定,主要目的在于使决策能力进一步增强,这对于大学生体质健康水平的提升是有帮助的。

其次,要保证权力分配的科学性,这是保证决策的民主性的必要前提。如果在这方面出现权力过分集中的情况,这不仅与管理幅度原则是相悖的,对于其他相关部门的积极性也会产生不利影响。

从当前现有的条件出发,政府部门需要采取一定的措施,这些措施的实施是需要在其他社会组织力量的协助下进行的,同时,有助其主导作用的发挥。

2. 责、权、利关系

大学生体质健康促进,需要一定的制度保障,因此,就要制定相关的条例,这时候,为了保证该条例的可行性和科学性,要求制定者一定要在责任约束和权力保证以及利益推动的基础上来操作。

所制定的条例必须是合理的,因此,就要求创建一个利益结构,使其可以和权力结构相互适应,使责任和权力以及利益相互统一。

3.组织保证体系

大学生体质健康促进的决策主体,是有着级别方面的差别的,不同级别的决策主体所履行的具体职责是不同的,而且大学生体质健康促进需要有权力保证,对相应的组织也具有一定的依赖性。

(二)管理机制

管理机制,在整个大学生体质健康管理系统中,是处于重要的结构与机理地位的,其自身决定着其形成与作用,可以将其理解为一种内在运动过程。

构建优质的管理制度,对于体育强国视域下大学生体质健康促进来说,是非常重要且必要的,因其是大学生体质健康管理系统的重要组成部分,是不可替代的重要方面。

大学生体质健康促进的管理机制,可以大致划分为三个方面,即约束机制、激励机制、运行机制。不同机制在大学生体质健康管理系统中的作用和职责各不相同。

1.约束机制

约束机制,实际上就是对大学生体质健康监管行为的修正与规约,从不同的内容上来说,约束的机制涉及三个方面。

(1)权力约束

权力约束,顾名思义,是对权力的约束,具体包含两方面内容:一方面,是通过权力来约束大学生体质健康促进的管理和组织系统;一方面,是约束权力的拥有与运用。

(2)利益约束

利益约束,即对利益的约束,具体是指有效调节卫生、教育以及体育等各级行政单位的利益关系,并且对利益因素进行有效控制,使其能保持在一定的互利范围内。

(3)责任约束

责任约束,则是指对责任的约束,具体是指通过明确相关系统及人员的责任,来对促进大学生体质健康的执行流程进行优化。

第二章 体育强国建设与大学生体质健康的研究

2. 激励机制

激励机制，就是通过积极的激励政策和措施来起到积极的督促作用。具体来说，激励机制的实施主体为学校、家庭、社区，激励的形式主要有激发、鼓励、支持、关怀等，激励的方式则主要有物质激励、精神激励、理想激励、制度激励、目标激励等，以此来使大学生体质健康水平得到有效提升。

通过积极的激励举措，来鼓励社会力量融入促进大学生体质健康的活动之中，可以拿出适当的奖励，来激励那些贡献较大的个人或是单位。比如，可以设立国家体质奖，以此来激励那些获得最高健康百分比的学校或社区组织；设立个人体质奖，以此来奖励那些从事体质健康工作的管理者或体质比较突出的大学生。

3. 运行机制

运行机制，就是大学生体质健康促进的具体运行与操作方面的机制，具体来说，就是要让学校、家庭以及社区等多方面来实行不同的与大学生体质健康促进相关的策略，对合理分配其中所涉及的人力、财力以及物力有关的各项内容，以此来对机制的有效运行起到积极的推动作用。

第一，要根据体育、卫生、教育、社会保障等相关行政部门之间的密切关系，在他们协调一致的基础上，制定出可行性较强的相关制度。

第二，将家庭、学校和社区有机联系起来，并且将三者之间的联动形式建立起来。

第三，大学生体质健康促进的管理与实施，是需要一定的资金基础的，因此，就需要通过激励约束机制的运行，来进一步拓展该方面投资的多元化渠道。

第四，要将大学生体质健康促进的利益诉求明确下来，同时，还要将相关的表达机制构建起来。

（三）保障机制

关于大学生体质健康促进的保障制度，提供保障的主体主要为学校、家庭以及社区等，所能提供的保障与支持主要涉及人、财、物、机制以及信息资源等方面。

在大学生体质健康促进的保障制度中，处于主导地位的是政府，处于关键地位的是学校体育，社会体育则起到重要的补充作用。职责清晰，分工明确。

1. 明确政府的主导地位

政府在大学生体质健康促进的建设管理过程中,所发挥的主要职能是公共服务职能,具体是指对公共服务制度的优化,以及保证公共服务均衡化的实现。因此,将政府在公共服务中的作用与地位明确下来是至关重要的。

体育公共产品所涉及的范围是非常广泛的,为提高大学生体质健康水平的体育服务也属于这一范畴。政府在大学生体质健康促进中所能发挥的基本职能有以下三个方面。

首先,制定大学生体质健康促进的相关政策,并加以完善。

其次,对大学生体质健康的人力、物力以及财力方面的投入要有所加强。

最后,对各个执行单位实行监督,并采取宏观管理的方式,在将各方面的利益关系正确反映出来之后,要采取相应的措施来进行妥善协调。

2. 发挥学校的基础性作用

大学生体质健康促进是在学校中进行的,这就需要学校采取相关的政策和措施来加以实施,因此,学校在促进大学生体质健康方面具有基础性的显著地位和作用,是不可替代的重要方面。

学校与大学生体质健康促进之间是直接的关系,将学校的效用充分激发出来会对大学生体质健康促进起到直接的促进作用。具体来说,要将学校的优势和资源充分发挥并利用起来,所指的主要为体育场地设施、健康教育以及师资等方面。同时,要充分结合学生具体状况和家庭背景,广泛开展形式多样的体育运动形式,比如,体育表演、体育竞赛、体育锻炼等,使大学生能够为了促进自身体质健康水平的提升,而有针对性和选择性地加入不同形式的体育活动中去,为大学生健康成长提供有效依据。

3. 重视社区体育建设

全民健身的实施,需要抓住的一个关键点就是大学生,可以说大学生是全民健身的根本与前提。大学生身心健康的维护,不能只在学校中开展,社区的体育俱乐部、文体活动中心等也是重要的场所。一般来说,社区体育项目所注重的娱乐性、健身性、自由性,大学生接受和喜爱的可能性会比较高,这对于他们终身体育习惯的养成是有帮助的。

加强社区体育建设,要将各种社会资源充分利用起来,还要在基础设施方面有所保障,比如,要在社区内修建相应的体育场地设施,保证锻炼需求。

第二章 体育强国建设与大学生体质健康的研究

另外,在体育组织建设方面也要加强,适当引入一些社会体育指导人员。还可以与学校体育结合起来,将学校体育资源最大程度地利用起来。

(四)评价与监督机制

评价与监督机制的建立,主要是为了对大学生体质健康促进实施的最终结果和效果进行评价,有效监督相关政府职能部门的政策制定、资金投入、人员配备等工作。由此可见,建立行之有效的监督与评价制度是非常重要且必要的。具体来说,其能够让管理制度、保障制度以及决策制度在大学生体质健康促进方面所起到的推动作用更加显著。

具体来说,大学生体质健康促进的评价与监督机制所包含的具体性质有以下三个方面。

1.灵活的反馈机制

我国不仅要建立大学生体质健康促进的监督网络,还要使其进一步完善,以达到畅通公民监督渠道,使社会公众评价及时得以反馈的重要目的。

一方面,对监督机制进行定期的优化,采取的优化措施主要有举报机制、信息监督机制等,以此来使其效用与价值的最大化得到有效保证。

另一方面,要在机制中将信息网络技术充分利用起来,开辟新的渠道,使其在便利、快捷方面体现出优势。当前较为典型的有电子投票、电子民意测验、网上讨论等。尤其对于学校来说,设立体质健康教育网站更是非常有必要的,其能够为大学生针对体质健康进行全面探讨提供便利。

2.科学的评价机制

大学生体质健康促进的评价主体是多元化的,大学生本人、家长、教师等都属于评价主体的范畴。

评价内容所涉及范围也较为广泛,比如,体育场地设施状况、人员配备情况、资金投入、体质健康促进的满意度等。[1]

3.严肃的监督机制

监督,实际上就是监视、督促和管理大学生体质健康促进的特定环节、过程,进行监视、督促和管理的一系列内外部力量。构建责任机制,能够有效明确大学生体质健康促进过程中产生的问题,并加以重视,还要根据实际

---

[1] 徐汉朋.体育强国视域下学生体质健康促进研究[J].中国教育学刊,2018(S1):20−21+24.

情况客观处理犯错的单位或个人。

一方面,以不同职责部门为依据,从自身出发,将相关的监督组织建立起来,还要使其进一步完善,有效监督该过程中所涉及的人、财、物等资源。

另一方面,应将大众媒体的作用充分发挥出来,报刊、网络和电视等都起到相应的社会监督作用,形成具有一定倾向的议论、意见及看法,使对大学生体质健康促进中的偏差行为进行矫正和制约得以实现。

第三章　大学生体质健康管理的理论与发展

对大学生体质健康进行的管理是一项科学性极强的行为。为此,要想做好相关管理工作,首先就要对其管理的理论与发展情况有一个大体了解。本章就重点阐述健康管理的科学理论与发展情况,以及大学生体质健康管理的理论体系和发展现状。

第一节　健康管理的科学理论与发展

一、健康管理的定义和特点

对健康进行管理的理念最早在美国出现。与其他学科和理念相同的是,健康管理理念的出现也更多是为了满足市场需求。当时的美国社会呈现出老龄化的态势,并且受到急性传染病和慢性病带来的威胁,人们的医疗卫生需求大增。在现实生活当中人们会发现,支付到医疗系统中用于维持自身健康的费用的持续增多并没有改善人们的健康情况,同时,人们还发现与健康相关的生产活动的效率甚至还呈现出下降的趋势,这给国家(美国)各方面的发展造成了极大的制约作用。显而易见的是,以人们出现疾病而治疗疾病为主这一诊治模式已经难以应对新的社会健康格局,在此情况下以个体和群体健康为中心的健康管理模式就在市场的呼唤下应运而生。健康管理模式的出现并不是偶然的,它需要有诸多相关学科的理论支持,其中如下科学技术发展对健康管理模式的促进有很大影响。

(1)管理学和行为医学的发展所提供的理论与实践支持。

(2)众多公共卫生和流行病学关于健康风险及干预手段的研究所提供的大量有价值的数据。

(3)互联网技术的出现与成熟为健康管理提供了极大助力。

尽管健康管理诞生于美国,并且至今也已经有了20余年的理论与实践研究,然而时至今日也没有全面系统的理论研究和权威专著问世。在中国,健康管理的理念和实践只有10余年的时间,形式上也基本是实践先行、理论迟滞的状态。就连最为基础的健康管理的概念这一问题,都没有一个学界统一的认识。

这里综合了一些国内外较有权威的关于健康管理概念的观点,提出健康管理的概念为,对个体或群体的健康情况进行全面掌控、监督、协调、分析、评估、提供健康咨询和指导以及对危害健康的因素进行干预等各项活动的总称。

健康管理的宗旨是充分让个体认识到健康之于自身的重要性,引导他们积极加入健身锻炼之中,并且高效利用有限的健身资源来达到最大的健康效果。这一概念还一并界定了健康管理的性质、内容、宗旨和具体做法。

为了便于理解健康管理的性质,最佳的方式就是从"什么是健康"这个角度入手进行解析。1948年,世界卫生组织(WHO)就为健康做出了定义,当时的健康是指一种没有疾病和残缺的躯体、精神与社会和谐融合的完美状态。如此看来,就这个健康的定义来说其包含了三个层面的含义:第一是躯体健康,包括身体没有残缺,没有疾病,各项功能正常运转;第二是精神健康,主要为心理层面的健康和良好的性格;第三是拥有良好的社会适应能力,即个人能够与社会相融,自身的能力也能在社会系统中得到发挥,个体能承担多种社会角色,个人行为与社会规范基本保持一致等。这一定义的出现可以说是从多角度诠释了健康的内涵,然而在实际当中,如果真的按照这个标准对人的健康情况进行衡量的话,则很难找到一个真正健康的人。这样看来,世界卫生组织在1948年为健康下的定义基本没有可操作性。

直到1986年,世界卫生组织再度提出了新的健康概念,这次概念的提出主要是从健康促进的角度出发制定的,即认为健康是每天生活的资源,并非生活的目的。健康是社会和个人的资源,是个人能力的体现。通过这个定义可以引申出,既然谈到了资源,就离不开管理行为,因为资源总是有限的,只有运用有效的管理手段,才能使资源得到高效利用。

简单来说,管理就是决策,其决策的内容就是通过运用计划、组织、协调、指挥和控制等手段实现资源的最优化使用,以期将最恰当的资源在正确的时间投入正确的事情当中,以获得管理目标的实现。具体来说,管理是包括制定战略计划和目标、管理资源、使用完成目标所需要的人力和财务资本以及对结果进行衡量的组织过程。另外,记录和储存管理过程中的各种信息以供以后参考和使用也是管理活动中的重要内容。如此看来,管理行为既是一个过程,也是一种手段。

健康管理,是为了改善人体健康状况和满足健康需求而做出的管理行为,即开展健康管理就要对个体或群体的健康情况进行全面监测、分析、评估、提供健康咨询和指导及对健康危险因素予以干预。其中存在的健康需求可能是预防一种疾病,也可能是为了延缓衰老速度。然而需要说明的一点是,针对已发疾病的诊断与治疗并不在健康管理的范畴之内。这也是健康管理与医学方面的管理的最大不同点。

二、健康管理的科学基础

健康管理的科学基础是健康状态与疾病状态的动态平衡关系;疾病的发生、发展过程;预防医学的干预策略等(图3-1)。当个体从健康状态进入疾病状态中时必定要经历一个完整的发生和发展过程。通常个体首先会从健康状态进入一个可能生病的低危险状态中,一旦个体在这一期间不能及时遏制疾病发展势头,如继续保持高压力、高强度地工作,或是喝水少、穿得少,那么低危险状态就会升级到高危险状态,然后再从高危险状态过渡到早期的生病状态,即出现疾病的临床症状。在疾病发生前总是会存在一个时间过程,急性病症从预兆到发病的时间过程很短,而慢性病的这一过程就会很长,有的甚至会有几年、十几年,甚至几十年。在这样长时间的疾病变化中,一些征兆的出现往往都不易被人察觉,病情来到不同阶段时也难以辨析出明显的标志线。在被诊断为疾病之前,进行有针对性的预防干预是有可能成功阻断、延缓,甚至逆转疾病的发生和发展进程的,如此一来健康就得到了维护。而这,也就是健康管理的科学基础。

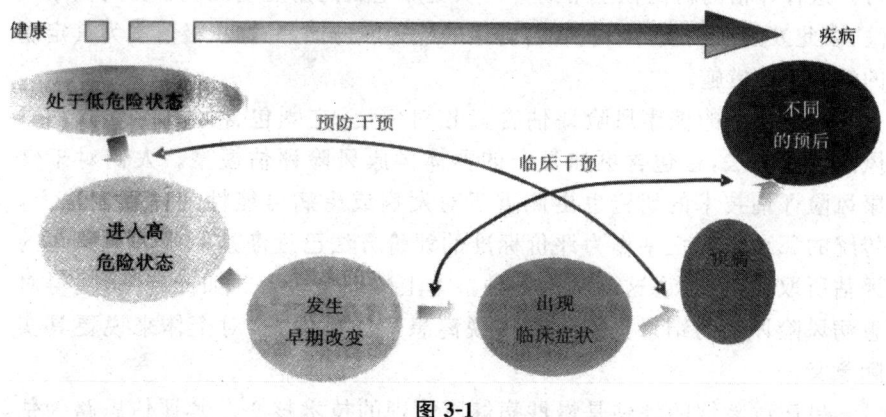

图 3-1

现如今,通过健康风险分析和多样化的评估方法可以确定高血压、冠心病、癌症、糖尿病等慢性病的高危人群,然后便可对这类人群实施干预手段,控制他们生活中可能造成进一步诱发他们慢性病的健康危险因素，从而达到减少发病概率的目的，或是在疾病发展的早期以及尚未发展到不可逆转之前阻止或延缓疾病的进程。目前，在这些健康管理行为中已经不能缺少信息技术的加持了。信息技术带来的是大量的健康和疾病数据，从这些数据中可以探寻到与个人健康相关的、有价值的健康信息，它最终就成为健康管理决策和过程的依据。

三、健康管理的基本步骤和常用服务流程

健康管理是一种先于健康危机情况发生的前瞻性卫生服务模式。鉴于它的这种特点，就决定了它能以较少的资源投入获得较大的效益，其最大意义在于能带动整个卫生医疗系统的良性运转，甚至是改变了过往这一系统的服务模式。健康管理行为都要按照一定的步骤进行，如此才能保证它的有效性，通常情况下有三个步骤。

第一步，了解个体的健康状况。人体的健康状况是要在一系列系统检查和判断之下才能基本确定的，只有全面了解一个人的健康状况才能谈及对其健康的维护。要想了解个体的健康状况，首先就要收集个体的健康信息，如年龄、性别等个人基本信息、体检信息、家族病史、生活方式以及大体上感觉到的当前健康状况等。

第二步，评估健康状况及疾病风险等级。对个体健康状况和疾病风险等级的判断要以个人健康信息为基础，并在数学模型量化评估的帮助下进行。这种评估的目的在于帮助个体从更加全面的角度上认识自身的健康风险，以此鼓励人们改掉一些有害健康的行为或习惯，并且积极落实为其定制的健康干预措施。

这里所谓的健康风险评估含义相对广泛，它既包含简单的个体健康风险分级方法，也包含更加复杂的群体健康风险评估模型。人们对于健康风险评估技术的研究也更侧重于对发病或患病可能性的计算方法上，传统的那种以死亡率作为评价标准的评价方法已逐渐被对患病危险性的评估所取代，可以说这确实是一种根本上的理念转变。如此转变，使得对患病风险评估的结果更能让个体脱离患病的可能，这对个体来说更具实际意义。

患病危险性的评估是慢性病健康管理的技术核心。其评估思路为估计具有一定健康特征的个人在一定时间内发生某种健康状况或疾病的可能性。健康及疾病风险评估有单因素加权法和多因素模型法两种（表3-1）。

第三章 大学生体质健康管理的理论与发展

表 3-1 两类常用健康评估方法的比较

评估方法	定义	方法	结果表示
单因素加权法	判断个人死于某些特定健康状况的可能	多为借贷式计分法,不采用统计概率论方法计算	多以健康评分和危险因素评分的方式
多因素模型法	判断一定特征的人患某一特定疾病或死亡的可能性	采用疾病预测模型法,以数据为基础,定量评价,可用于效果评价(费用及健康改善)	患病危险性,寿命损失计算,经济指标计算

对患病危险性进行的评估有个最佳的优势,就在于它的结果是明确的、定量的和可比较的。通过结果的对比,就可以以危险等级对评估对象进行划分,如分为患上某种疾病的高危人群、中危人群或低危人群。如此可能针对不同级别的疾病患病程度来制定相应的健康方案。

在健康风险评估的基础上,便可以为个体或某个群体制定健康计划,这是对鉴别或有效控制个体健康危险因素非常有利的方式。方案中明确的可供人改变自身习惯或方式的内容基本都是那些可以改变或较为可控的指标,为这些易改变的指标设定一个改善目标,并为服务对象提供目标改善的行为方法。这个富有针对性的健康改善计划不仅为个体或某群体提供了一个健康干预的行动参考方式,同时也成了健康管理者与管理对象之间的一个沟通桥梁。

第三步,进行健康干预。当完成了前两个步骤后,就要对个体进行健康干预了,这也是三个步骤中最为核心的一步,也是衡量健康管理是否见成效的关键。健康干预的形式大多为个体根据建议改变个人行为,如纠正不良的生活习惯或生活方式。要知道,大多数人的不健康因素都来自生活中的习惯与方式,因此,大多数对这些问题的纠正就是控制健康危险因素的主要方式。健康管理中对个体进行的健康干预与一般健康教育之间最大的不同就在于它是一种带有极强个性化色彩的干预,即它是根据个体特定的健康危险因素,由健康管理者制定并指导的,以及对干预的成效有所追踪。例如,为一名高血压患病风险很高的人制定一套健康干预计划,内容可能包括对个体的体重管理、饮食管理、睡眠管理等,每一项管理工作都有专门的个人健康管理日记,甚至有跟踪随访措施,多措并举来实现健康改善。

目前,上述三个步骤的健康管理可经由互联网服务平台及客户终端联网实现。需要强调的是,对健康的管理始终是一个长期坚持的过程,在不同阶段都需要进行阶段性的效果评价,并且根据评价结果对计划作出适当调整,如此周而复始地进行,这样最终才能实现预期的健康管理效果。

下面就着重分析一下健康管理的常用服务流程,这个流程主要由五个部分组成。

(1)健康体检。

(2)健康评估。

(3)个人健康管理咨询。

(4)个人健康管理后续服务。健康管理的后续服务要看个人的意愿和相关资源是否充沛,提供的服务要依个人意愿而定。健康管理方提供的后续服务的形式多为互联网终端查询个人健康信息、提供健康指导、定期寄送健康管理提示、提供个性化健康改善行动计划等。在众多后续服务中,随访是非常重要且较为常用的形式,其主要关注的是个体的健康管理计划落实情况,并监测个体危险因素的变化程度如何。现如今,健康大讲堂的课程和自媒体文章也是个人健康管理后续服务中的一种常见形式。

(5)专项的健康及疾病管理服务。可为有特殊健康需求的个体或群体提供专项健康及疾病管理服务,所提供的这类服务首先会区分患病人和健康人。对患病人(主要为患有慢性疾病的人)来说,所提供的服务多为针对疾病或导致疾病的因素;对健康人来说,可以提供一些如生活方式咨询、心理卫生指导、个人健康教育等服务项目。

四、健康管理的基本策略

健康管理的基本策略是以降低或控制健康风险实现维持人的健康程度的一系列方法。

对人进行的健康管理中包含有健康信息收集、健康风险评估和健康干预三个组成部分。其中前两个部分的实际意义在于提供有针对性的个性化健康信息,这一信息的重要作用在于其是调动个体重视自身可能存在或大概率出现的健康问题的要素。而最终的健康干预则是指导个体以正确的方式维护自身健康或降低健康风险的环节。

过往研究中已经证实了如冠心病、高血压、糖尿病及慢性呼吸系统疾病等常见慢性非传染性疾病的病因和病情发展都与较大心理压力、吸烟、酗酒、膳食失衡、缺乏运动等因素有关。由此也说明了生活中常见的慢性病总是表现出一果多因、多因多果、互为因果的关系特点。图3-2就揭示了多种危险因素与慢性病之间的联系。对于大多数慢性病来说,其发生和发展都是按照一定的步骤逐渐进行的,这个步骤为:正常健康人→低危人群→高危人群→疾病→并发症。在这个过程中,不论从哪个步骤上入手进行干预都能起到扭转局面的效果,当然入手的阶段越早,效果就会越好。

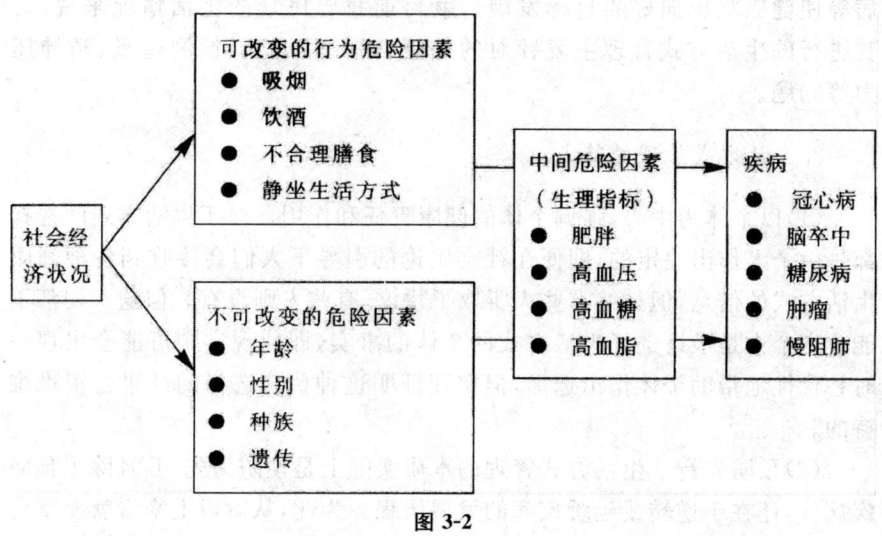

图 3-2

在健康管理中,常见的策略囊括六大类,生活方式管理、需求管理、疾病管理、灾难性病伤管理、残疾管理和综合群体健康管理。这里对这六类健康管理项目进行逐一分析。

(一)生活方式管理

人的生活方式与其健康状况有着莫大关联。目前,不论是国内还是国外,对由生活方式导致的人的健康问题的研究可谓数量众多。其中,从1986年开始的一项对处于降压或降胆固醇类药物服用中的男性的研究可知,他们如果能同时保持健康的生活方式,则他们今后患上心脏类疾病的风险会大大降低。在研究中还有一项发现,即调查对象即便过去有着不正确的生活方式,或有阻碍健康的生活习惯,则该方式或习惯得到改变后对其身体健康程度的提升有着显著作用。需要明确的是,没有任何药物能够替代健康的生活方式,而对于想要改变不健康生活方式的人来说,这种行为什么时候出现都是及时的,都会使身体的健康状况得到好转。

1. 生活方式管理的概念

从卫生保健的角度讲,对个人的生活方式管理是指以个人为核心展开的各种卫生保健管理行为。这一概念决定了个人是选择生活方式的决定者,而选择了哪种生活方式则决定着人的健康状况。生活方式管理会采用教育、纠正、倡导等手段来引导人们改变原有的不良生活习惯或生活方式,以最大化地减少那些危害健康的因素的存在,从而达到增强体质、预防疾病等使健康状况向好的目标发展。就目前我国民众的生活情况来说,对其进行的生活方式管理主要针对的是膳食平衡、戒烟、饮酒适量、精神压力等问题。

2. 生活方式管理的特点

(1)以个体为中心,强调个体的健康责任和作用。对于生活方式的选择都是由个人作出决定的,即便在社会舆论的引导下人们会接收到各种健康生活方式的信息,但最终有些人听取了建议,有些人则没有。但这一切都不能改变个人是最终选择生活方式的个体的事实,即使现实中可能会出现一时替代性地帮助个体作出选择,但实践证明这种代替选择的结果是很难维持的。

(2)预防先行。生活方式管理的本质实际上是预防为先,并且除了预防疾病外,还在于逆转或延缓疾病的发展历程。为此,从阶段上来看就要整合好三级预防体系。其中,一级预防的核心在于对影响健康的危险因素予以控制,将疾病扼杀在发生之前;二级预防的核心在于早发现、早诊断、早治疗,极力阻止疾病的快速发展;三级预防的核心在于防止伤残,降低病死率,促进人体机能恢复。在三个级别的预防体系中,一级预防体系无疑是最为重要的。只有在针对个体特点的基础上整合好这三个级别的预防,才能使生活方式管理的效率最高、效果最好。

(3)通常与其他健康管理策略联合进行。现实中往往当人们提到医疗保健措施时总与高昂的费用画上等号,然而在健康管理的预防环节中的措施则更多是简单、便捷、有效的,而且多数还不需要花费较多的金钱。如果能将以预防先行为核心的生活方式管理与其他健康管理策略相结合,那么无疑能给健康管理活动带来更好的性价比。

3. 生活方式改变的技术

对于众多健康管理内容来说,对生活方式的管理是其中最为基础的一项。干预,是生活方式管理中的最主要手段。而在管理实践中,下列四种技术也经常被用于人们生活方式的改变上。

(1)教育。通过教育的形式传递健康信息,力求从意识上引起人们的重视,转变人们的态度。

(2)激励。以正面强化、反面强化、反馈促进、奖惩等各种激励措施实现对人们不良行为的矫正。

(3)训练。采取训练的方式让个体参与到实践体验之中,以使个体理解并掌握行为矫正的技术。

(4)营销。大力推广健康行为,营造良好的全民健康氛围,从舆论上促进个体改变不良健康行为。

上述这四种生活方式管理技术不论是单独使用还是结合使用都会收到一定的效果。

在实践中可以发现,个体行为的改变绝不是一件简单的事情,即便是在各种管理手段的"进攻"下个体确实出现了行为改变,但若想维持这种改变更是难上加难,而终身维持健康的生活方式也就成了生活方式管理的终极目标。在此期间,除了要做好各项管理工作外,管理之外的来自家人、朋友、爱人的情感支持也对个体行为改变的持久度的维持起着重要作用。

对个体生活方式进行的管理行为可以以自身独成体系的形式存在,也可以以与其他健康管理内容相结合的形式出现。例如,可将生活方式管理纳入疾病管理之中,即要求患病的人做好生活方式上的管理,以期防止疾病恶化或使身体从疾病中更快恢复。不论生活方式管理以怎样的形式出现,其本质都是通过选择健康的生活方式来实现个体健康状况的改善。

(二)需求管理

1.需求管理的概念

健康管理所采用的另一个常用策略是需求管理。需求管理包括自我保健服务和人群就诊分流服务,帮助人们更好地使用医疗服务和管理自己的小病。这一管理策略基于这样一个理念:如果人们在和自己有关的医疗保健决策中扮演积极作用,服务效果会更好。通过提供一些工具,比如小病自助决策支持和行为支持系统,个人可以更好地利用医疗保健服务,在正确的时间、正确的地点,利用正确的服务类型。

2.影响需求的主要因素

对于人们卫生服务需求的影响因素主要有下列四种。

(1)患病率

患病率可以影响卫生服务需求,因为它反映了人群中疾病的发生水平。

(2)感知到的需要

个人感知到的卫生服务需要是影响卫生服务利用的最重要的因素,它反映了个人对疾病重要性的看法,以及是否需要寻求卫生服务来处理该疾病。

(3) 病人偏好

病人偏好的概念强调病人在决定其医疗保健措施时的重要作用。与医生一道,病人对选择何种治疗方法负责,医生的职责是帮病人了解这种治疗的益处和风险。

(4) 健康因素以外的动机

事实表明,一些健康因素以外的因素,如个人请病假的需要、残疾补贴、疾病补助等,都能影响人们寻求医疗保健的决定。

3. 需求预测方法与技术

目前已有多种方法和技术用于预测谁将是卫生服务的利用者。归纳起来这些方法主要有以下两种。

(1) 以问卷为基础的健康评估

以健康和疾病风险评估为代表,通过综合性的问卷和一定的评估技术预测在未来的一定时间内个人的患病风险,以及谁将是卫生服务的主要消耗者。

(2) 以医疗卫生花费为基础的评估

该方法是通过分析已发生的医疗卫生费用,预测未来的医疗花费。这种方式与前面的问卷法不同,医疗花费所得的数据是确实已经存在的客观情况,不会出现个人自报数据对预测结果的影响。因此从准确度上来说,这种方法无疑更加可靠。

4. 需求管理的主要工具与实施策略

需求管理通常通过一系列的服务手段和工具去影响并指导人们的卫生保健需求。常见的方法有 24 小时电话就诊分流服务、转诊服务、基于互联网的卫生信息数据库、健康课堂、服务预约等。有的时候,需求管理还会以"守门人"的面目出现在疾病管理项目中。

(三) 疾病管理

疾病管理是健康管理众多项目中非常重要的一项,其发展时间最早,实践性最强,从表象上看也是最为直观见到管理成果的管理内容。美国疾病管理协会曾对疾病管理做出过定义,认为其是一个协调医疗保健干预和与病人沟通的系统。疾病管理支撑医患关系和保健计划,并重在运用循证医学和增强个人能力的策略来实现防止疾病继续恶化的目标。该协会还认为,针对个体疾病的管理必须包含人群识别、循证医学的指导、医生与服务提供者协调运作、病人自我管理、过程与结果的预测管理以及阶段性成果反馈。

如此看来,可发现疾病管理的三大特点。

(1)管理适用的对象应为已经患有疾病的个体。

(2)管理关注的是个体或群体的连续性健康状况,而不是单个病例或单次就诊的结果。

(3)注重做好医疗卫生服务及干预措施的综合协调工作。

(四)灾难性病伤管理

灾难性病伤管理与疾病管理有一些相似的地方,但其也是一个特殊的健康管理项目。灾难性病伤管理的不同点着重体现在其"灾难性"的特点上,即个体或群体所受的是那种对健康危害极大的病症或伤情。这类伤病往往意味着要调动更多的医疗资源,付出更多的医疗花费才能得到妥善治疗的情况,如恶性肿瘤、肾衰、大面积烧伤等。

就灾难性病伤管理的特点来说,其多数特点与疾病管理一致,区别则在于通常来说这类疾病的发病率较低,而一旦发生后可能需要长期接受复杂的医疗卫生服务,并且服务的可及性限制较大,关乎个人或其家庭的情感、经济状况等因素。种种事务的复杂和艰难程度都决定了灾难性病伤管理的总体特点。

优秀的灾难性病伤管理一般应具备以下特征。

(1)快速确诊和转诊。

(2)制定出的管理方案较为全面,基本考虑到了可能涉及的各方因素。

(3)管理团队中包含多种医学专科及具有综合业务能力的人员。

(4)注重引导病人积极进行自我管理。

(5)所提供的管理服务能让患者及家属满意。

(五)残疾管理

残疾管理的目的是帮助服务需求者减少工作地点发生残疾事故的概率,以实现减少因人员残疾所带来大量损失的管理服务。残疾管理要对人员的残疾程度进行分类,以期最大化地减少人员因残疾给其劳动和生活带来的障碍。

造成残疾时间长短不同的原因包括医学因素和非医学因素。

1.医学因素

(1)疾病或损伤的严重程度。

(2)选择的治疗方案是否恰当。

(3)损伤发现是否及时,治疗过程是否顺利。
(4)康复过程的顺利程度。
(5)能否轻易接受到有效治疗。
(6)采取治疗的方式,如保守治疗还是手术治疗。
(7)伤者的年龄。
(8)是否出现并发症。
(9)使用的药物是否出现副作用。

2.非医学因素

(1)伤者的社会心理。
(2)工种、职业、职位。
(3)与同事之间的关系。
(4)工作强度。
(5)工作满意度。
(6)工作政策和程序。
(7)信息报告的及时度。
(8)诉讼。
(9)个人心理因素。
(10)过渡性工作的信息通道不流畅。

3.残疾管理的具体目标

(1)改善残疾状况;防止残疾恶化。
(2)设定康复目标。
(3)对限制性事宜做具体说明。
(4)评估医学和社会心理学因素。
(5)与残疾人士作有效沟通。
(6)对残疾人士的复职期待有所回应。
(7)实行循环管理。

(六)综合的群体健康管理

综合的群体健康管理实际上是协调了上述五种健康管理的策略来为个体提供全面的健康管理服务。策略的选择和应用的核心都是以个体为中心进行的,这会让管理策略拥有极高的针对性。在健康管理实践当中,综合性的群体健康管理也是最常使用的模式。

第二节 大学生体质健康管理的理论体系

一、大学生体质健康管理的概念

大学生体质健康管理指的是高校在开展健康教育工作的过程中全面监测、分析与评估大学生的体质健康状况,并进行科学干预,以期提高大学生自我健康管理能力,使其维持健康的系统过程。

高校开展健康教育工作,对大学生进行健康管理,不仅是为了解决其健康问题,提高其体质健康水平,也是为了使其掌握健康管理的方法,能够客观合理地评价自己的健康状况,从自身体质状况出发制定科学有效的干预计划,从而在自我健康管理中达到理想的效果。

大学生虽然身心发展基本成熟,但与社会阅历丰富的成年人相比,他们的生理和心理能力还是不够强,受这方面的限制,大学生无法全面而深入地认识体质健康管理及其重要性。因此需要学校、家长及社会共同努力,才能有效推动大学生体质健康管理的顺利进行。

在大学生体质健康管理中,要将学生、家长、学校乃至社会相关部门的积极性都充分调动起来,并充分利用各种显性与隐性资源来提高健康管理效果,使大学生长期维持良好的健康状态。

二、大学生体质健康管理的内容

大学生的体质健康管理意识普遍比较薄弱,而且一些大学生因为学业与就业压力比较大,形成了抽烟、喝酒、沉迷游戏等不良生活习惯,如果不及时对这些大学生进行正确引导与科学指导,将会对他们以后的生活造成严重影响。高校应结合大学生的身心发展特征及规律,有针对性地进行体质健康管理,具体涉及以下几方面的工作。

(一)收集健康信息

对在校大学生的健康相关信息进行收集,包括身体健康信息、心理健康信息以及生活方式信息等,基于这些信息建立大学生体质健康档案,档案内容主要包括学生基本信息、体检情况、体质测试成绩、心理测试成绩等,参考学生的体质健康档案,能够更好地评价与干预学生的体质健康。在完善学生体质健康档案时,让学生自己填写个人基本信息,体质测试与心理测试分别参考《国家学生体质健康标准》和相关的心率健康测试表,健康体检由校医院负责。

(二)加强健康教育与管理

高校应在"健康第一"教育理念的指导下,切实加强对大学生的健康教育与健康管理,如开展健康知识讲座、发放健康丛书、引导合理膳食、提供心理咨询服务、普及健康生活方式等,通过落实这些具体工作来对大学生的自我健康管理意识、健康管理能力及终身体育锻炼习惯进行培养。

(三)开展体质健康测试

《国家学生体质健康标准》提出了较为完善的学生体质健康测试与评价体系,主要从身体形态测评、身体机能测评、身体素质测评等方面予以落实。各级各类学校应积极响应号召,落实政策,定期监测学生的体质健康情况,不能虚报测试结果,也不能敷衍了事。体测结束后要将测试结果及相关信息详细记录在学生体质健康档案中,以便为实施健康干预提供参考。

(四)预测与评估危害体质健康的因素

健康管理专家或体育教师全面分析与评估学生体质健康状况,及时发现对学生健康有危害的因素,同时也要科学预测哪些因素可能会给学生的健康带来不好的影响,做好预防工作,为后面的干预管理减轻负担。运动锻炼是改善学生体质、提高学生健康水平的最佳手段,体育教师应从学生的身心健康情况及兴趣爱好出发对其设计具有针对性和个性化的科学运动处方。

(五)实施体质健康干预

健康管理专家或体育教师应将体育与健康、体质健康、运动处方等相关理论知识传授给学生,使学生对这些知识有科学认知。体育教师也要指导学生独立制定适合自己的运动处方,并鼓励与监督学生严格按照运动处方进行锻炼;此外还应定期对其锻炼效果进行评价,检验运动处方的科学性与实用性;在这个过程中还要观察运动处方中是否有不利于学生健康的因素,从而及时消除隐患,对运动处方进行合理调整,促进学生锻炼效果和体质健康水平的提高。

三、大学生体质健康管理的方法

（一）评估体质健康信息

身体形态、身体机能以及身体素质是体质测试的三大内容，具体涉及很多测试指标，对大学生体质健康的测试主要以《国家学生体质健康标准》为参考。

（二）研制体质健康管理软件

大学生健康管理工程具有系统性、复杂性，涉及的部门及人员非常多，工作人员要处理大量测试数据，工作负担较重。为了实施科学化、规范化及现代化的健康管理，提高信息收集与数据统计的准确性与高效性，同时解决相关工作人员的负担问题，有关部门应重视对大学生体质健康管理软件的研制与运用。在研制这类软件时，要对软件的以下功能加以考虑。

1. 数据管理功能

这项功能主要是管理学生的健康档案和体质测试成绩，包括录入数据（手工或机器录入）、修改数据、删除数据等。

2. 统计分析功能

这项功能主要是统计与评价学生的健康测试数据和测试成绩，统计项目较为齐全，文字与图片交融，能够将学生的体质健康情况充分反映出来。对大学生的体质健康状况进行客观评价及对不同性别、年龄的学生的体质情况进行对比分析时，可充分发挥健康管理软件这一功能的优势，管理部门也能通过该功能对大学生的体质健康水平有整体的了解与把握，从而为相关管理政策的制定与实施提供重要的参考依据。

3. 评分功能

在软件中录入或导入学生的测试成绩后，软件可以自动评分与评价，并能对学生的体质健康现状进行客观的分析与解读，为学生进行健身锻炼提供科学指导。

4. 安全保护功能

在大学生体质健康管理软件的研制中，安全保护功能是必须考虑的一个要素,为了使系统和数据的安全性有所保障,应明确不同管理层的不同操作权限,系统能够以不同的权限为依据而提供不同的操作功能。

5.系统维护功能

学生健康信息、健康测试数据及测试成绩等资料非常宝贵,所以要利用健康管理软件的系统维护功能来保存这些资料,以便于统计分析和以后的查询。

(三)合理选用体质健康干预方法

在客观评价大学生体质健康信息的基础上进行健康等级划分,主要分为健康状态、亚健康状态和疾病状态三个等级。大学生可以进入校园网按学号对自己的体质健康测试结果及健康等级进行查询。高校在实施体质健康干预时,要考虑干预对象的健康状况,针对不同健康等级的学生采取不同的方法进行干预。

对于健康的学生,要做好预防工作,使其长期保持健康状态;对于亚健康的学生,要及时干预,通过体育教育、健康教育、提供心理咨询等方法进行健康指导,以免其从亚健康状态进入疾病状态;有些学生患有某种疾病而不自知,学校要注意保护这些学生的隐私,单独通知这些学生及时去医院就诊。①

(四)组建健康管理机构、设置管理人员

学生体质健康管理机构的组建及相关管理人员的设置与安排主要包括以下内容。

1.主管领导

通常由分管学生工作的校长或院长担任主管领导职务。主管领导应对学生体质健康管理的内容及方法有一定的了解,要具有良好的决策能力,要相信通过各部门工作人员的努力可以达到预期效果,要对各部门的工作予以支持。

具体来说,主管领导的职责主要包括以下几方面。

第一,对健康管理工作计划及资金预算进行审核。

第二,听取各部门的工作进展报告。

第三,对各部门提供政策支持。

第四,与各部门共同研究解决健康管理工作中遇到的难题。

---

① 叶蓁,倪铭.高校学生体质健康管理方法研究[J].西部素质教育,2016,2(05):47.

2.执行机构

学生体质健康管理的执行机构主要指的是学生体质健康管理中心,该机构主要负责健康管理计划的具体操作事宜,按照计划有序开展工作,以期实现预期目标。学校可以单独设立这个执行机构,也可以由学生体质健康研究所(室)兼任。执行机构要定期向主管领导汇报计划的执行情况,包括工作进度、取得的成绩以及遇到的问题等,对于主管领导提出的意见,执行机构要认真听取,对于主管领导提出的政策,执行机构要认真落实。

3.部门合作

大学生体质健康管理离不开学校体育部门、医务部门等多个部门的共同参与及部门之间的相互合作,如医务部门对大学生体质健康信息进行收集时,体育部门可以向医务部门提供大学生体质测试的相关信息,这样能避免一些工作的重复开展,避免物力、财力及人力等各种资源的浪费。

(五)制定健康管理政策

大学生体质健康管理工作的开展离不开学校相关部门的经费支持、设施支持以及政策支持等,其中政策支持至关重要。学校有关部门的政策支持能够从很大程度上保证健康管理活动的顺利开展,保证学校健康资源的充分利用。

大学生体质健康管理政策主要涉及以下几方面的内容。
(1)关于健康筛查的政策。
(2)关于健康管理费用的政策。
(3)关于学校资源分配的政策。
(4)关于急救的政策和规定。
(5)关于应对自然灾害或其他突发事件的安全计划等。

第三节 大学生体质健康管理的现状与发展

一、大学生体质健康管理的实施现状

(一)大学生体质健康管理主体现状

学校是大学生主要的学习和生活的场所,为此,学校理应成为大学生体质健康管理的负责方。就高校来说,具体负责学生体质健康管理的部门有学校学生管理部门、学校体育部门和学校医务室。它们在大学生体质健康管理中应该充分发挥主体作用。下面就对这三个学校管理主体的情况进行分析。

学生管理部门中的教师是学校在平日中与大学生接触最频繁的一线人员,他们是相对最为了解学生思想、身体等各方面情况的人。然而在实际中,很多一线教师对学生的关注更偏向于他们的学习成绩和个人发展状况,而对学生的体质健康状况的了解则非常有限,更谈不上对学生履行健康管理职责了。

体育部门在大学生体质健康管理中的职责主要为定期组织学生体质健康监测工作,这项工作应每学年组织一次最为适宜,监测工作要完成整个组织、监测、数据收集与整理、上报等流程。然而在实际中,高校体育部门尽管可以按照标准做好学生的体质健康监测工作,但在此之后只是简单地将获得的数据登记上传,缺少了一个重要的将结果告知学生的反馈环节。这样学生只是参加了测试,至于结果如何,应该对健康做出什么改善性行为则毫不知晓。另外,目前绝大多数高校的数据共享机制尚未系统建立起来,由此使得不论是组织体质监测的教师,还是学生,都难以很便捷地看到测试数据,如此自然难以从测试反映出的问题入手,对学校体育活动予以调整,也不能有针对性地对学生开展健康教育。

各高校医院会定期组织大学生参与体检工作。与前面高校体育部门组织的学生体质监测活动类似,体检所得的结果也只是被校医院留存,学生一般不会拿到类似体检结果这类的文件。实践中发现许多学校的体检工作流于形式,检查的项目也只是最为基础的几项,而关乎学生体质健康状况的众多关键指标则没有在体检内容之中。这样的体检难以客观了解学生真实的体质健康情况,如此会使有关部门在针对大学生体质健康的干预方案的决策中缺乏真实数据,这样制定出的方案定会有所偏颇。

上述三个高校学生体质健康管理主体之间在相关工作中往往会表现出"各自为政"的现象,部门与部门之间基本没有协调合作的联系,这就让高校大学生体质健康管理的效率普遍处于较低水平。

(二)大学生体质健康管理内容现状

面向大学生群体开展的体质健康管理内容主要有体质健康监测、体质健康评估、体质健康咨询、体质健康指导及体质健康调控等。在实际中可以发现绝大多数学校选择的更多是体质健康监测与体检工作,即便一些高校还组织了体质达标测试活动,但具体来看,这也仅仅是体质健康监测中的一

第三章 大学生体质健康管理的理论与发展

个环节而已。

在对大学生进行的有关体质健康指导方面的调查显示(图3-3),仅有不到50%的学生表示自己接受过体质健康指导,且这些指导活动基本是在体育课上完成的。而实质上,学生所谓的接受了体质健康指导充其量就是向教师询问一些有关体质健康的问题,教师做出回答而已。部分学生甚至认为在体育课上接受教师的运动技能指导也被视为是体质健康指导。通过学生的这些观念就可以知道学生对体质健康指导及其管理的认识是非常缺乏的。另一方面,学校和体育教师对学生体质健康问题的关注也非常有限。

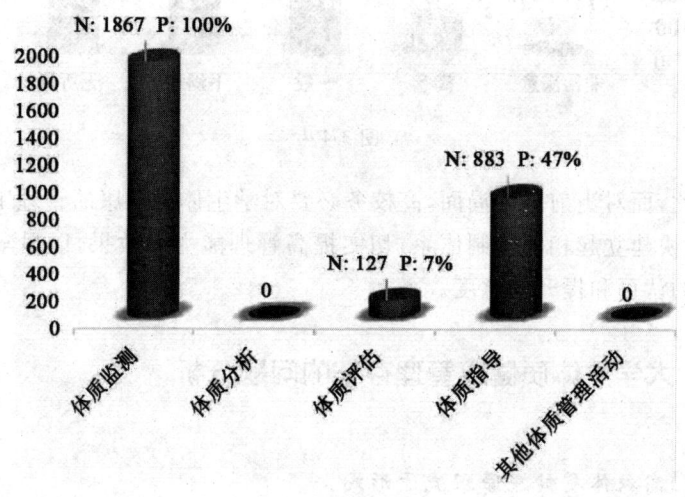

图3-3[①]

在对大学生进行的有关体质健康评估方面的调查显示,接受过体质健康评估的学生仅有7%。但深入访谈后发现,这些学生所谓的接受的健康评估实际上只是拿到了自己的体质测试结果,这与真正意义上的体质健康评估还有很大的差别。

总的来看,大多数高校在对大学生体质健康开展的管理活动中涉及的内容偏少,形式较为单一,即便是就涉及的内容而言,不论是在操作过程中还是管理效果也存在不少问题,流于形式的感觉更强烈,难以展现出学生体质健康管理的效果。这一点也可以从学生对学校体质健康管理的满意度调查中看出(图3-4),调查显示,仅有7%的学生对学校体质健康管理工作感到非常满意或满意,有43%的学生认为一般,有18%和33%的学生认为不

---

① 史博强.石家庄市普通本科院校学生体质健康管理的研究[D].河北师范大学,2016.

满意和无所谓。

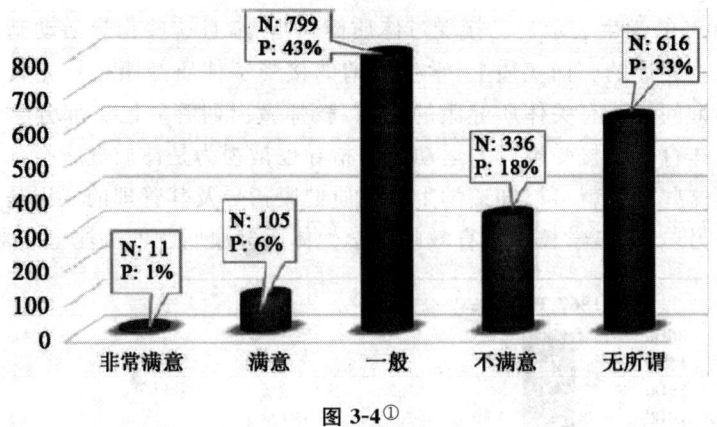

图 3-4①

因此,面对当前这种局面,高校务必要对学生体质健康的管理工作更加重视,尽快建立起相关体制体系,切实提高管理能力和效果,以尽早获得各方更多的认可和提升满意度。

二、大学生体质健康管理存在的问题分析

(一)高校体质健康管理流于形式

通过走访调查发现,我国许多高校的领导对于大学生体质健康管理工作的重要性和深远意义并没有非常充分的认识,其中还不乏一些领导对这项工作的认识存在误区。突出体现在多数领导更关注学生的学习情况、专业掌握情况以及毕业后的就业情况,总体来看表现出的是一种"重知识、轻健康"的理念。大多数领导对学生体质健康管理的认识普遍为搞几次体育活动,或是组织体育达标测验等就可以了,有些还认为增加对学生的心理健康的关注,筹办几次相关讲座也就算是完成了任务,认为对学生体质健康的管理也就仅此而已了,做再多的事情,耗费再多的时间与金钱是毫无意义的,由此流于形式的高校体质健康管理自然就出现了。

目前,在高校的课程设置中,能与学生体质健康挂钩的只有体育课,因此,体育课就承担了大部分学生体质健康管理的工作。不过在实际当中,普

---

① 史博强.石家庄市普通本科院校学生体质健康管理的研究[D].河北师范大学,2016.

第三章　大学生体质健康管理的理论与发展

通高校中体育课的设置多集中于大一、大二两个年级，当学生到了大三之后便较少再学习体育课程，由此也使得仅有的少量体质健康管理行为也消失了。即便是对于大一大二的学生，高校体育课程由于内容普遍死板单一，教学手段也较少，难以激起学生的兴趣。同时体育教师为了省事，干脆把课程时间作为学生的自由活动时间，这样双方都感到满意。还有些高校的体育器材和场地配置难以满足教学和活动所需，这也直接影响了学生通过体育活动来实现自我体质健康管理的热情。

总体来看，大多数高校并没有为学生体质的发展做太多切实的打算，更多提出的加强学生体质健康水平也仅仅停留在宣传口号上，实际动作很小，从而展现出高校对学生的体质健康管理水平严重滞后于文化教育管理水平。

（二）高校体质健康管理师资力量薄弱

体质健康管理师本是一项专业性非常强的工种，这类人才多为运动人体科学和体育保健康复专业毕业的学生，此后还要通过多种国家认证的资格考试，才能从事相关职业。但在实际中可以看出，高校体质健康管理师资力量非常薄弱，高校领导对相关工作缺乏认识，认为为学生体质健康管理配备专门师资是一种浪费，现有的体育教师和校医就完全可以胜任这项工作。体育教师或校医与真正的体质健康管理师在所学专业和技能掌握上有着明显的不同，即便是一些体育教师参加过体质健康管理相关培训，也与本专业出身的人员相差甚远。这一点突出表现在其即便发现了学生的健康问题也不知道如何加以干预，或干预手段极为陈旧，有些甚至还缺乏科学依据，从而导致学生的健康问题迟迟不能得到解决。

通过调查可以发现，高校之所以很少为体质健康管理师留有编制，还是在于校领导等有关方面在对待这项工作上缺乏严肃认真的态度。即便在需要的情况下高校聘用了体质健康管理师，但更多只是合同制，这些人员要想以体质健康管理师的职位进入学校编制几乎是不可能的。有鉴于此，许多已经来到高校工作了一段时间的人才，最终还是选择退出高校健康管理师资队伍，如此造成健康管理教师人才的流失。

（三）大学生自我健康管理意识薄弱

当代大学生普遍表现出一种自我健康管理意识薄弱的现象。导致这一问题出现的原因主要为学生从小与父母居住或是独生子女，父母几乎包办了所有学生日常事务的管理，当学生来到大学后自然就脱离了原先的"安乐窝"，转变为所有的事务都要由自己管理。为此，他们健康意识薄弱的特点展现了出来，并且在没有了父母的监督和管理下，一些学生出现了生活习惯不佳、饮食不规律等问题,如果他们再没有体育锻炼的习惯,久而久之就会导致他们的体质水平出现严重下滑。

另外,现代学生由于从小受到家人的百般呵护,普遍缺乏抗挫能力。在来到大学之后独自面对学习、生活等方面的压力,一旦处理不好,负面情绪就很容易产生并积累,如果不善于自我调节,则会出现心理问题。从调查中可以看出,如今的大学生很多都存在或大或小的心理问题。社会中报道的自杀或做出其他极端举动的大学生不在少数,其中很多就与大学生的心理问题有关。在大学生出现了心理问题时,他们缺乏对问题的正确认识,不认为是自己的心理问题,自然也不会想到去心理咨询室寻求帮助。那些性格内向的学生更是倾向于把不满情绪憋在心里,不与人沟通,也不相信他人,最终导致问题愈演愈烈,造成更严重的后果。

三、改进与完善大学生体质健康管理的建议

(一)提高对大学生体质健康管理的认知水平

首先,鉴于目前大学生体质健康管理的相关情况不是很乐观,为此应从各有关方面的根本认识上着手研究解决问题的方法。所谓的有关方面包括学校、教师和学生本人,学校和教师对大学生体质健康管理的认知程度大多数情况下肯定是高于学生的,但光有认知显然是不够的,认知的能力和程度还要不断提高才行,其认知不能只是浮于表面,还要深入内里,更应了解大学生体质健康管理的内容和流程等管理要素。只有这样,才能逐渐具备指导大学生养成自我健康管理意识和培养实践操作的能力。

其次,大学生要对自身的体质健康进行管理,其关键就是要建立起对体质健康管理的意识,然后就是留意自身的生活习惯、饮食习惯等,积极参加学校组织的各项体检和体质测试,并有意识地通过检查或测评的结果了解体质健康状况。在日常生活中,大学生也要对自己的健康状况多多留心,时刻关注一些健康养生论坛与讲座,掌握足够的保健技能。

再次,学校和教师应在大学生体质健康管理方面充分发挥自身作用,不断充实与完善自己,学习新知识,掌握新技术,提高自身的业务素质,对众多有益于体质健康的知识或技能做足宣传工作,特别是学校可经常举办健康养生类讲座活动。此外,学校在安排课程时还应注重健康、卫生、保健等学习内容的结合,这是增加健康课程内容比重的关键。这些举措都是为大学生对体质健康管理的认知水平提升搭建的良好平台。

最后,现实中也发现了一些在大学生体质健康管理方面有一定建树的

高校,其管理成效显著。众多学校应多向这些学校学习,并将经验与本校实际相结合后予以应用,切实提升本校大学生体质健康管理的水平。

(二)尽可能满足大学生的健康需求

首先,大学生的健康需求需要通过多元化的方式来满足。高校作为学生主要的学习、生活、活动的场所,必然要为满足学生的健康需求做足努力,如修建或完善体育运动场地设施、培养高质量高素质的体育保健师资队伍、设立健康咨询室、安排专职健康教师、为学生制定个性化的运动处方等。这其中,许多内容都要求有专业化的人员来负责。为此,高校在招聘教师时就要对保健养生、运动康复、体质监测等方面的人才多多关注,最终让他们能够成为高校大学生体质健康管理工作的顶梁柱和权威者。

其次,要大力发展学校体育文化,打造良好的校园体育氛围,从而引导学生积极参加各类体育运动。高校应特别注意在传统体育运动项目开展的基础上,引进更加时尚和流行的新兴体育项目,这会让学生在参与体育运动时有更多选择,更容易找到符合自身兴趣的运动。事实上,体育课程作为学校体育的主要部分,如果能对其充分利用,将体质健康相关知识与保健技能融入体育课程之中,是再理想不过的举措了。

(三)构建大学生体质健康管理的循环机制

大学生体质健康管理的过程在短期内是没有终点的,它是一个循环往复的过程。为此,构建起一个大学生体质健康管理的循环机制就显得非常重要。

首先,从高校层面来讲,高校要严格落实上级关于学生体质健康管理的相关政策,积极制定管理方案,对学校各有关部门要进行明确的分工,工作责任具体到人,确保每项工作发挥应有功能,工作环节无疏忽和漏洞。

其次,学校中的学生体质健康管理负责人要细致规整本校大学生体质健康的相关信息,这些信息包括体质监测、体检等工作之后的数据,对学生体质健康状况的评估内容,以及将要反馈给学生的评价结果等。学生体质健康管理负责人在掌握了本校学生的体质健康状况后,应综合各方面因素和信息制订干预方案,并将干预方案发送给学生,让学生参照方案解决健康问题。限定时间过后,需再行组织学生进行体质健康状况测评,以数据说话,评价健康干预的效果,并根据新的数据再行制订干预方案,如此循环进行。[①]

---

① 周李星.江苏省大学生体质健康管理现状调查与对策研究[D].扬州大学,2015.

再次,作为学生体质健康管理负责人,要养成积极与学生沟通的习惯,这也是该工作的重要职责之一。良好的沟通有助于学生重视自身健康问题,以便引导他们积极配合健康干预工作。这样一来,学生和健康管理者就形成一种相互协作、共同努力的局面,如此形成的合力自然更容易展现管理效果。

最后,对于大学生体质健康管理来说除了包含在学校中的内容外,还有众多在学校外也要求学生坚持完成的干预行为,如心理调节、生活习惯、膳食平衡等。这些校外干预内容是同等重要的,而且这些内容的完成更依赖学生的自主性。

(四)提升高校体质健康管理者的积极性

首先,学生体质健康管理过程中总是难免出现这样或那样的问题,这是非常正常的情况。面对问题,管理者要做到及时发现并尽快解决,以满足学生在提升体质健康水平中的各项需求。对在大学生体质监测工作中学生可能出现的懈怠参加测试的问题,应注重以加强宣传和教育的方式作为解决之道,当然这也需要对体质测试者的职业道德和业务能力进行指导,要求他们要秉承严肃认真、科学严谨的态度对待体质监测工作,这会从一个侧面来达到提高学生参与监测积极性的目的。

其次,为了能使大学生体质健康管理按部就班地实施,在此前制定出一个相对完善的管理计划是非常必要的,这个计划要有完善的评估体系,其中就包括明确管理者的权利和义务,以及他们从事相关工作的待遇、福利、奖惩机制等。这是促进高校体质健康管理者工作积极性的关键要素。

第四章　大学生体质健康管理的运行体系

大学生体质健康管理涉及众多因素,其科学运行是一个巨大的体系,需要各方面工作的开展和保障。首先大学生要做好自我规划,同时还要有服务体系、方案和平台的支持,为了保证大学生体质健康管理的发展,还需要相关机制的创新。本章对大学生体质健康管理运行体系的相关内容进行研究。

第一节　大学生体质健康管理的规划

一、树立终身健康管理的理念

大学生处于充满活力的青春阶段,不仅身体健康,心理方面也阳光。因此,大学生对身体锻炼重要性的认识以及健康管理的相关理念都比较淡薄。他们花费大量的时间用于学习和娱乐,较少参与身体锻炼,甚至有时为了娱乐而透支身体。大学生忽略体育锻炼,缺乏健康管理的理念,而是从满足自身兴趣出发,久坐学习,通宵上网,生活无规律,从而形成了种种不良的生活方式,长此以往,会对自己的身心健康造成严重的影响。而他们之所以经常出现这种危害健康的行为,正是因为对这些行为的危害的严重性认识不足。这就要求,健康管理必须贯穿人的生命的全过程。当大学生身体出现各种微小的病变时,要能及时发现、预防,这样不仅节约卫生资源,更重要的是提高了健康水平,减小发病率,延长健康寿命。

二、了解自身健康状况并做出针对性规划

每个人都有不同的健康需求。处于不同阶段的人,健康的需求也是不同的。人的一生大体可分为生长发育期、成熟期和衰退期。在这三个时期,人的生理、心理、社会学方面有不同的特征,因此具有不同的锻炼目标、内容和形式。具体来说,生长发育期的要求是促进生长发育;成熟期的要求是保

持旺盛的精力和充沛的体力;衰退期的要求是延缓衰老、延年益寿。对于高校大学生来说,他们在健康管理时,体育锻炼的主要目的是张扬个性和释放压力,因此可从事相对激烈、对抗或强度较大的运动。对于不同体型的大学生来说,瘦小型个体可从事健美锻炼,肥胖型个体可从事减肥锻炼。进入中年时期以后,在锻炼的强度方面要有所下降,进行运动时以长时间、低强度为主。至于老年时期,则应选择更低强度的运动。

三、掌握养护身体的科学方法

体育运动的项目众多,每种项目都有自己的特点和功效,因此,对于不同的人群来说,应该根据自身的实际情况和需要选择不同的运动项目。在进行运动时也要注意运动强度的适宜,既不能缺乏,也不能过度。要做好健康管理规划,大学生应找到适合自己的运动项目和锻炼方式,并科学地进行健身锻炼。同时,要学会在运动中评估运动量与运动强度是否合适,并注意预防运动损伤的发生。

四、坚持健康的生活方式

生活方式是人们较固定的行为方式,是人们长期形成的生活习惯、生活制度和生活意识。健康的生活方式有多种形式,并无定论,我们可以从影响健康的各种因素中去寻找健康的生活方式。影响健康的因素多种多样,既有先天因素,也有后天因素。先天的因素主要是指遗传因素,后天的因素则包括环境因素、营养饮食因素、生活作息规律等。这些因素也有可控与不可控之分。对于不可控的因素,我们难以干预;但对于可控因素来说,我们要做好管理工作,这也是进行健康管理的重要方式。

健康的生活方式,也即健康的生活习惯,其形成是一个长期的过程,因此是需要慢慢培养的。

(一)锻炼的习惯

众所周知,体育锻炼是大学生维护管理健康的重要手段,而且这也已被大量的科研数据所证明。科学的锻炼对人的生理、心理和社会适应的发展都是有着积极的促进作用的。大学生根据自己的实际情况和特点,经常参加适量的体育锻炼是保持生理机能、促进健康的有效方法。体育锻炼能够从根本上增强大学生各器官的功能,增强其免疫力,提高其对环境的适应能力,从而提高健康水平。

(二)合理的膳食

俗话说:"民以食为天。"饮食营养是人体健康的物质基础,也是影响人体健康的最重要因素。随着经济和社会的发展,居民的生活水平不断提高,我国居民的膳食结构也随之发生了变化,肉类、油脂在居民膳食中所占的比例大幅度增加,这导致居民膳食向高脂肪、高热能、低谷类的方向发展。由此而导致的一些慢性疾病的发生概率不断增加,诸如心脑血管病、高血脂、糖尿病、肥胖症、恶性肿瘤等,这些慢性疾病日益成为新时代影响人们生命健康的重要原因。有数据显示,2002年我国约有700万人死于慢性病,已占年全部死亡人数的70%以上。由此可见,慢性疾病已成为人们丧失劳动能力和死亡的重要原因。

造成人们不健康的重要原因之一就是膳食不合理,因此,为了身体的健康,人们要养成合理的饮食习惯。要做到合理的膳食,就意味着要摒弃不良的饮食习惯,注意饮食均衡。对于现在的大学生来说,因为晚上熬夜,早上贪睡,没时间吃早餐或错过了早餐时间不吃早餐的大有人在。而早餐对人的健康是十分重要的,人体经过一晚的代谢,如果不吃早餐,会影响胆汁液的分泌,还容易形成胆囊结石。此外,还有一些不良的饮食习惯也要避免,如暴饮暴食、长期偏食、饮料当水、零食当正餐、光顾不卫生的小食摊等。

(三)良好的情绪

管理情绪是管理健康的重要内容。保持良好的心态是管理健康、预防疾病的重要环节。

大学生进行体质健康管理,就要注意防止受不良情绪的影响,这就需要学生学会控制和调节情绪,及时化解那些强烈的、持久的不良情绪。在高校中,对学生情绪管理的引导可以从以下两方面入手。

(1)加强道德和情操修养。通过教育,让大学生树立正确的世界观、人生观和价值观。

(2)掌握调节情绪的方法。如何调节与控制过量的情绪反应是学生的一项心理素质。其方法很多,主要有调节需求(降低欲望)、意志控制、转化控制、冷化控制、分散刺激、放松精神、积极预防、药物控制等。

大学生正处于青年时期,具有很大的可塑性,这一阶段是形成良好的生活习惯特别是锻炼身体的习惯的有利时机。一定要不失时机地注意培养学生锻炼身体的习惯,让大学生掌握体质健康管理的方法,做好体质健康管理规划。

第二节 大学生体质健康管理的服务体系

一、大学生体质健康管理服务体系的架构

做好大学生体质健康管理工作,必须构建一定的服务体系。大学生体质健康管理的服务体系应该包括体育教学部门、校医院、心理健康中心、营养指导中心等服务机构。它们都是为大学生健康服务的,但具体的职能不同,具体分析如下。

(一)体育教学部门

体育教学部门是大学生体质健康管理服务体系中非常重要的组织部门,发挥着至关重要的作用。体育教学部门要培养学生对体育运动的兴趣爱好,激发学生参与体育运动的积极性,向学生普及体育知识、传授体育运动技能,使其掌握丰富的体育锻炼方法,形成正确的健康观,养成良好的锻炼习惯。

高校体育教学部门主要负责大学生体育知识和技能的传授以及体质测试工作的开展,并要汇总和整理大学生的相关成绩。具体工作如下。

1. 安排体质测试

定期安排体质测试,整理体质测试成绩,并记录在学生个人健康档案中。

2. 评估大学生健康状况

根据体测成绩进行健康评估,向学生个人健康档案中上传评估数据。

3. 传授体育运动锻炼知识

在体育课堂教学或课余体育活动中对学生进行指导,使学生掌握科学有效的体育锻炼方法,将运动技能熟练掌握,提高健康水平。

4. 提供个性化运动指导方案

根据健康评估数据为学生提供个性化运动处方,并监督学生按照处方进行锻炼,提高锻炼效果。

第四章 大学生体质健康管理的运行体系

（二）校医院

校医院主要负责疾病的预防与诊治。当大学生的身体出现伤病等问题时，校医院要及时有效地进行治疗，使学生少受或免受疾病之苦。在病后诊治之外，校医院尤其要做好疾病预防，可适当开展健康咨询服务，为学生普及健康与预防疾病的常识，宣传健康的生活方式，促进学生自我保健意识与保健能力的增强。同时，校医院还要做好疾病普查工作，了解大学生的常见疾病，并进行针对性治疗。校医院在大学生体质健康管理中的具体职责如下。

1. 体检

每年定期安排一次体检，并将体检结果记入学生个人健康档案。

2. 身体评估

根据体检结果，从医学的角度分析与评估学生的身体指标，并将评估结果上传，完善学生健康档案。

3. 疾病治疗

科学诊断与治疗学生的身体疾病，促进学生早日康复。

4. 医务监督

运用医学知识及一定的方法科学监护大学生运动者的身体机能和身体素质，预防运动者在运动锻炼中发生运动损伤或疾病，提高锻炼的科学性与安全性。

5. 健康知识讲座

整理和汇总大学生常见身体疾病，在健康知识讲座上集中说明预防与解决这些疾病的方法，降低发病率。

（三）心理健康中心

大学生心理健康问题日益受到重视。近些年来，因为心理问题而导致的大学生轻生事件时有发生，这表明不少大学生受到心理问题的困扰，甚至他们的正常学习与生活都受到了严重影响。对此，心理健康中心需进行科学干预，开展心理健康教育与心理咨询服务，帮助大学生切实解决心理问题，促进大学生心理健康与全面健康。

具体来说,心理健康中心在大学生体质健康管理中应主要提供以下服务。

1. 心理测试

每年定期对大学生的心理健康情况进行测试,并将测试数据及相关信息记入学生个人健康档案中。

2. 心理评估

根据心理测试得出的结果,对大学生的心理健康情况进行评估,并上传评估结果。

3. 心理咨询

针对大学生普遍存在的心理问题,提供心理咨询服务,并基于少数学生的个别心理问题开展针对性的心理咨询服务,帮助大学生解决各种不同的心理问题,使其学习与生活步入正轨。

4. 心理干预

根据不同学生的不同心理问题进行有效干预,可采取心理健康游戏、一对一心理治疗等不同的干预方法。此外,也要引导大学生进行自我心理调节,提高其解决自身心理问题的能力。

5. 心理健康讲座

整理和汇总大学生常见心理问题,在心理健康讲座上集中说明预防与解决这些问题的方法。

(四)营养指导中心

营养指导中心在大学生体质健康管理服务体系中也是必不可少的重要组织,其主要有以下两方面的服务职能。

1. 普及营养知识

营养指导中心应不定期开展关于科学饮食和健康饮食的知识讲座,提供一日三餐科学搭配与合理膳食营养的方案与建议,为学生的健康饮食提供科学指导,促进学生良好饮食习惯的形成。

2.进行膳食指导

根据大学生健康档案中的健康状况为学生提供个性化的健康饮食指导。营养指导中心重点关注的对象是肥胖和偏瘦的学生。对于肥胖的大学生,营养指导中心要提供科学减肥食谱,并强调配合体育锻炼来减肥;对于偏瘦的大学生,营养指导中心要提供能够增加体重的食谱,使其体重达到正常范围。

二、构建大学生体质健康管理服务体系的意义

(一)提高大学生健康水平,为建设"健康中国"奠定基础

构建大学生体质健康管理服务体系,主要是为了促进大学生健康水平的提高,为保障大学生的健康而提供规范、系统的服务,并进行科学有效的管理。我国为推动"健康中国"建设、促进全民健康水平的提升而颁布与实施了《"健康中国 2030"规划纲要》(以下简称《纲要》)。构建大学生体质健康管理服务体系与《纲要》的文件精神相符,并有助于早日实现《纲要》的目标。

(二)解决大学生体质测试存在的问题,改进大学生体质测试工作

为了及时了解我国大学生的体质健康状况,贯彻落实"健康第一"的指导思想,我国颁布实施了《国家学生体质健康标准》,并对大学生进行体质测试。但目前高校体质测试存在"只为测而测"的问题,严重影响了体质测试的效果,也使体质测试失去了原本的意义。

高校虽然每年都会组织一次体质测试,但大都是"例行公事",并未真正将体质测试内容与体育教育结合起来,也未在体育教学评价中将此作为一项重要指标。高校集中花几天时间完成体质测试工作后,就将此事搁置一边,没有针对性地分析学生的体质测试数据,也未对学生体测成绩不理想的原因进行调查与研究,更没有根据体质测试结果对体育教学内容进行调整。因为学校本身就对此不够重视,所以学生在参加完体测后也就放弃体育锻炼了,这对学生的健康成长与综合素质的提升造成了严重的制约。

(三)探索与创新大学生健康促进途径

近些年来,我国大学生体质水平的下降趋势明显,不管是身体机能水平还是身体素质水平都在下降,从身体形态上来看,肥胖与超重的学生越来

多。改善大学生身体形态、提高大学生身体机能及身体素质水平的最佳途径是体育锻炼,最健康的锻炼方式是一周锻炼三四次。但我国大学生群体中大部分都缺乏体育锻炼,更达不到一周锻炼三四次的标准。

高校有关部门在大学生体质健康管理中不够积极主动,多进行被动式管理,而且管理也不够系统,部门负责人缺乏长远的目光。高校对大学生体质健康的被动式管理主要表现为不注重预测危险因素与预防疾病,忽略了健康教育,在大学生出现疾病之后才进行干预。被动管理模式增加了高校有关部门的工作量与工作负担,也消耗了大量的资源,学校面临资金压力,学生承受疾病之苦。因而不管从哪个角度来看,被动式管理都不及主动管理好。

此外,高校体育部门在大学生体质健康管理方面肩负重任,承担着预防危险的职责、健康促进的职责等,搞好体育教学有助于更好地实现健康促进目标。现阶段我国高校虽然开设了很多体育课程,但大都缺乏针对性,虽然学生可以根据自己的兴趣爱好自主选课,但忽略了体育教学应有的针对性和强度要求。对此,要积极探索大学生体质健康促进的科学路径,从而为大学生提供更加全面、更加完善的健康服务,切实提高大学生体质健康水平。

三、大学生健康管理服务体系的运行

大学生健康管理服务体系的运行包括以下几个环节。

(一)采集学生健康数据

对于刚入学的新生,要采集其健康数据,包括身体与心理健康数据,这个工作主要由高校体育部门、心理健康中心和校医院负责。

(二)整理与记录学生健康信息

建立学生健康档案,将上面收集的数据与信息加以汇总后记录在档案中。

(三)分析和评估学生健康信息

从专业的角度科学分析与全方位评估学生个人健康信息,并将分析与评估的结果记录在学生健康档案中。

(四)对学生进行健康指导和干预

根据学生健康档案中的信息有针对性地制订与实施健康干预策略,提高不同体质群体的健康水平,使其养成健康的生活方式和良好的体育锻炼

习惯。

大学生体质健康管理服务体系的运行是一个循序渐进与不断提高的过程。经过上述几个环节后,要再次监测学生健康情况,采集健康数据、整理健康信息、进行健康分析与评估以及提供干预服务,从而不断更新学生健康管理档案,不断调整健康服务与健康管理的方式,如此才能促进大学生体质健康水平的不断提高。[①]

四、大学生体质健康服务体系的优化

(一)开设健康教育通识课,普及健康知识

目前,我国的大学生缺乏对健康的正确认识,也缺乏基本的健康知识,这是导致我国大学生体质健康水平不断下降的重要原因。在高校中,向大学生普及健康知识主要采用的方式是举办讲座,但是这种讲座方式的效果并不好,一是因为大学生参加的兴趣不高,二是因为讲座难以覆盖全部学生。结果是大学生健康知识掌握得仍然有限,自我保健意识与保健能力都比较弱,自然也就难以做到自我健康管理。学生的健康问题若长期得不到解决,其体质健康水平自然就会不断下降。

为了使大学生学习与掌握丰富的健康知识,提高其健康知识素养,高校应该在举办健康知识讲座的基础上开设健康教育通识课。在课堂上,教师要选用丰富有趣的教学方法来传授健康知识,营造轻松愉悦的课堂氛围,使学生以饱满的情绪和积极的心态去学习。同时,教师要鼓励学生将课堂上所学的健康知识运用到学习、生活以及自我健康管理中,形成良好的生活方式,健康饮食、合理作息、科学锻炼,保持良好的健康状态。

(二)部门协同配合,建立健全大学生健康信息共享机制

大学生体质健康管理服务体系中的部门比较多,要想取得良好的管理效果,必须各部门协同配合。只有各部门在发挥各自职能的基础上密切合作,才能充分整合高校在健康管理方面的优势资源,并将这些资源的作用发挥到极致。

各部门之间通力合作最直接的表现就是共享学生健康信息,共同为学生健康服务,因此要科学构建大学生体质健康信息共享机制就显得很有必

[①] 谢超杰.大学生健康管理服务体系的构建及初步实践[D].华南理工大学,2018.

要。通过健全与完善大学生健康信息共享机制,可以为各部门各自开展健康服务工作及相互之间的配合提供重要参考。此外,也可避免一些工作重复开展导致的学校资源浪费,从而提高大学生体质健康管理效率与健康服务水平。

(三)构建学校、家庭及社会三位一体的服务体系

学校因素、家庭因素、社会因素都是影响大学生体质健康的重要因素,因此要做好大学生体质健康管理,就要把这三方面的影响因素都考虑在内,构建起学校、家庭、社会三位一体的大学生健康管理服务体系。

大学生不仅生活在校园中,更是生活在社会中,现代社会生活中的一些不科学、不规律、不健康的生活方式会对大学生造成严重的不良影响,影响其正确健康观和生活方式的建立。这时,高校就要发挥其教育作用,让大学生能够明辨是非,树立起正确的健康观,减少社会不良因素对大学生的影响。在培养学生健康观、引导学生健康生活等方面,高校具有家庭和社会无可比拟的优势。高校有关部门要充分发挥自己的教育作用,促进大学生健康发展,为大学生将来的健康生活打好基础。

一个人从出生开始,就受到家庭环境的影响,这种影响可以说是伴随其一生的。良好的家庭氛围与和谐的家庭环境有助于促进大学生正确健康观的形成和健康意识的提高。家长要注重培养孩子的良好饮食习惯、运动习惯及作息习惯,这样孩子在步入大学甚至将来步入社会后才能将这些好习惯延续下去,这有助于其一生的健康发展。

社会环境对大学生体质健康的影响同样不可小觑,我国颁布与实施的《"健康中国2030"规划纲要》强调要将健康产业和健康服务业的发展重视起来,以推进"健康中国"建设进程,这为大学生的健康发展营造了良好的社会氛围。①

作为影响大学生体质健康的三大重要因素,学校、家庭、社会要相互配合,共同为促进大学生健康发展而努力。三者在配合中,高校要发挥带头作用,主动争取与学生家长、社会有关部门的合作,从而在大学生健康管理中获得家长与社会的支持与帮助,提高管理效率。

(四)充分发挥高校资源优势,构建体医融合机制

许多高校有体育教学部门和直属校医院,这使得高校在构建体医融合

---

① 谢超杰.大学生健康管理服务体系的构建及初步实践[D].华南理工大学,2018.

机制方面具有自身的优势。体育锻炼能提升人的免疫力,促进人的全面发展,而医学能够对健康起到保护作用;体育与医学相结合,建立体医融合机制,能够为大学生的健康发展提供双重保障。

体育锻炼能够增强大学生的体质,提高大学生抵御疾病的能力,因此大学生进行科学的体育锻炼具有重要意义。但在体育锻炼中,要保证安全性与实效性,就要发挥医学的作用,根据学生的不同健康水平,结合医学来制定科学的运动处方,使学生通过体育锻炼真正提高免疫力与体质水平。此外,还要结合运动医学的原理评估运动中的危险因素,预防运动风险,提高运动的安全性,降低风险发生率。

高校构建体医融合机制,能够更好地监测、预防及干预学生的体质健康,为学生提供更全面的健康服务与更有效的健康指导,从而切实提高学生的健康水平。

(五)充分利用现代科技手段

现代科技发展迅速,大学生体质健康管理服务体系的优化中要充分运用科技手段,建立相配套的网络服务平台,开发线上服务项目,提供便捷化、现代化与多元化的服务。通过互联网、大数据和即时交流技术,建立学生电子健康档案,运用网络手段收集数据,不断完善电子档案,并根据不同学生的体质健康情况而提供个性化的线上健康指导。

第三节 大学生体质健康管理的方案研究

一、制订大学生体质健康管理方案的目标

以"健康第一"为指导思想制订大学生体质健康管理方案,主要目的是为大学生制订具有针对性的健身计划,并提出关于提高体质健康水平的要求和建议,通过传授健身知识与保健技能,使大学生了解科学健身的方法,形成自我健康管理的意识,养成健身锻炼的好习惯。[1]

---

[1] 吴小明.禹州二中学生体质健康现状及体质健康管理研究[D].华中师范大学,2013.

二、制订大学生体质健康管理方案的原则

(一)全面性原则

制订大学生体质健康管理方案,应在充分考虑各相关因素及其影响的基础上进行,尽可能使方案全面、完善。

(二)安全有效原则

制订大学生体质健康管理方案,其主要目的就是提高大学生体质健康水平,因此管理方案中若涉及运动锻炼的内容,要对安全性和有效性多加关注,保证安全参与锻炼,提高锻炼的效果。

(三)易调整原则

大学生体质健康管理方案的制订不是一蹴而就的,制订出来的方案也不是一成不变的,而且大学生的体质状况也是随时发生变化的,因此,体质健康管理方案制订出来后需要根据实际情况及时进行调整。这就要求制订大学生体质健康管理方案时要遵循易调整原则,避免需要重新制订方案的情况出现,使体质健康管理方案与大学生的体质健康现状更贴近。

三、大学生体质健康管理方案的应用

大学生体质健康管理方案涉及的内容非常丰富,其中运动干预方案是十分重要的一部分,下面就以此为例进行分析。运动干预是改善大学生身体机能与身体素质的重要路径,运动干预方案中主要包括课堂干预和课外干预两大部分。

(一)课堂干预方案

课堂干预方案主要是针对大学生的身体素质(力量、速度、耐力、柔韧、灵敏)在体育教学课堂上进行干预。在实施方案的过程中,各项身体素质的练习依次轮换,并根据测试结果而调整干预内容与方法。方案实施结束后测试被干预者的体质健康情况。

(二)课外干预方案

课外干预是课堂干预的补充与延伸,能够进一步拓展干预内容,弥补课

堂干预的不足,更好地帮助学生改善体质,提高健康水平。课外干预方案不仅包括运动干预,还包括培养学生的健康意识、引导学生形成正确的生活方式。

第四节 大学生体质健康管理的平台研究

通过平台的建立能够更好地对大学生体质健康进行管理,也能够提高大学生体质健康管理的效率。新时代,科学技术迅速发展,运用先进的开发工具和技术开发新的体质健康管理平台,能够构建大学生体质健康管理的新模式。

一、大学生体质健康管理平台构建的需求分析

在大学生体质健康管理平台的建设过程中,要充分考虑多方面的需求,以下几方面的需求是需要重点分析的。

(一)用户需求

不同的用户有着不同的需求,大学生体质健康管理平台的构建主要关注的是大学生用户。因此,要对大学生的具体情况进行分析,包括大学生的身心发展特点、体质现状及健康需求。以此为根据进行体制健康管理平台的开发。

(二)功能需求

用户需求决定了大学生体质健康管理平台的功能需求,因此,大学生的需要决定了大学生体质健康管理平台的功能设置。大学生体质健康管理平台的功能要以大学生的需求为根据,也要考虑不同地域和学校的差别,以实际情况为依据设置与完善系统功能。

(三)管理需求

管理是组织对所拥有的人、财、物、信息等的计划、组织、协调及控制的活动过程。高校管理中最主要的是对学生的管理,近些年来大学生体质健康日益受到国家的关注,这使得大学生体质健康管理成为高校管理的重要内容,并且占据着越来越重要的位置。为了大学生体质健康水平的提高,高校必须想方设法以更科学、更便捷的方式对大学生进行体质健康管理。但

是,目前体质健康管理平台的应用并不广泛,有的学校只是具有简易的查询体质测试成绩的系统,有的高校甚至连这样的平台都没有,只是利用国家学生体质健康标准数据与分析系统进行体质健康测试方面的管理。

(四)科技发展需求

现代科技在高校管理中发挥的作用越来越重要,随着科学技术的进步,很多管理都呈现出网络化趋势,如学生选课、学生档案与信息管理、学生成绩管理等。但是就目前的状况来看,针对大学生体质健康管理,还缺乏一个比较令人满意的平台。因此,大学生体质健康管理平台是顺应时代潮流的新生事物,构建这个平台需要高校的重视和加强。

二、大学生体质健康管理平台构建的原则

(一)可行性原则

运用互联网等现代技术构建大学生体质健康管理平台,要遵循可行性原则,即使用者可通过计算机、手机等终端即时访问,操作要简便,具有人性化,凸显平台的实用性。

(二)标准化原则

大学生体质健康管理平台中的各个模块所采集的信息格式要统一,选用量表、调查问卷及评分标准均要有权威来源,从而方便数据的分析与处理。

(三)全面性原则

构建大学生体质健康管理平台要注意全面性,即在对学生信息进行采集时要做到全面、完善。通过采集基础信息、反馈信息采集构成连环通路,这体现了大学生体质健康管理的循环性,即形成一个"收集—干预—反馈—再收集—再干预—再反馈"的连续过程。

(四)扩展性原则

大学生体质健康管理平台要具有扩展性,即可根据要求和新的变化对平台中的信息库进行更新与修改,也要支持用户统计查询及数据传输,为平台的丰富与完善留有余地。

（五）保密性原则

大学生体质健康管理平台要注意保密性，因为平台中记录的大学生健康信息都是大学生的个人隐私，不能随意查看与传播。对大学生体质健康数据，除了用户自己在自己的权限内以及拥有相应权限的健康管理人员浏览查询外，其他人不得随意查看，以便减少用户之间的相互影响，最大限度地保护用户的隐私。

三、大学生体质健康管理平台的设计

大学生体质健康管理平台的设计，主要应围绕大学生体质测试数据进行，并考虑大学生用户和管理员管理的需求，以便相关人员的便捷使用，充分发挥平台的作用。具体来说，大学生体质健康管理平台要从功能模块与数据模块入手进行设计。

（一）功能模块

设计大学生体质健康管理平台时，首先要思考平台应具有哪些功能。前面已经提到，平台的设计要考虑大学生体质测试数据的记录，考虑大学生和管理员的使用，因此大致应包含登录模块、统计模块、导入导出模块、学生模块、管理员模块。

其中，导入导出模块涉及大量统计数据的处理，因此是一个难点，在大学生体质健康管理平台这一功能模块的设计时，可参考国家学生体质健康上报系统，并在此基础上进行一定的优化，包括对体质健康数据上报格式的改善，使上报格式更加简单化、多样化，可以分批上报数据，而且对没有身份证的学生，系统可以自动生成一个临时身份信息，这样可以正常上报数据。

由于管理员肩负着整体管理和维护的职责，因此管理员模块的设置也有一定的难度，需要得到技术人员、政策以及资金的支持，如需要计算机专业人员设计和研发大学生体质健康管理平台，需要教育部和学校的资金支持等。[1]

（二）数据模块

大学生体质健康管理平台的数据模块主要是对管理员、学生、数据库三个方面的数据进行管理。由于系统数据繁杂，而且数据处理工作的多样性，

---

[1] 司苗杰.智慧校园背景下高校学生体质健康管理研究[D].吉首大学，2016.

因此在设计时要做到方便、快捷和准确。

四、大学生体质健康管理平台的运行

(一)大学生体质健康管理平台的实施保障

1. 政策支持

大学生体质健康日益受到重视,高校也不断出台体育方面的政策,对大学生提高体质健康水平提供支持。学校体质健康管理工作的开展始终应根据大学生的体质健康现状进行,最终目的和宗旨也在于促进大学生体质健康。高校领导应转变思想,更新观念,认识到开发大学生体质健康管理平台的必要性和重要性,认识到其在大学生体质健康管理中的积极意义。高校相关职能部门应立足学校实际、整合学校资源,在大学生体质健康管理平台构建方面给予必要的政策和资金支持,为平台的顺利实施和快速发展创造条件。

2. 运行机制

大学生体质健康管理平台的构建是在考虑学生需求的基础上进行的,其核心内容是体质健康测试。高校应借助现代科技优势,充分整合资源,通过产学研一体化模式,实现身体评价、健康干预、健康管理、教学服务等功能,以充分满足大学生的健康管理需要。

3. 组织管理

在大学生体质健康管理平台的构建中,高校应该根据自己的具体状况建立相应的组织机构,主要负责平台的管理与运行,并做好教师、学生、管理人员的联络和协调工作,兼顾学校体育工作发展与学生体质健康需求,兼顾体育教学与课程设置,在平台的研发、运行、维护以及推广等几个方面都应做到专人专任,确保该平台顺利、稳定地运行。

(二)大学生体质健康管理平台运行的现状

大学生体质健康管理平台是随着现代科学技术在高校中的应用出现的新事物,其对大学生体质健康测试工作的进行以及大学生体质健康管理起到了一定的作用,但是在不同高校其运行情况并不乐观。而且,作为新兴的事物,它也确实存在一些问题和不足,有待进一步的完善和优化。具体来说,大学生体质健康管理平台的运行现状表现如下。

1. 功能不完善,使用不方便

鉴于大学生体质健康管理平台处于试用阶段,功能还相对单一,有些功能虽然有所涉及,也还无法发挥真正的作用。虽然平台在设计之初对用户的需求进行了分析,但分析还不全面,无法满足用户的全部需求,如还不具备年级的同年体质测试成绩的比较、某个同学每个测试项目的比较、同一个学生不同年份的体质测试成绩的比较等功能,同时还存在着使用不方便和使用出现异常的情况,造成了用户使用感受不佳。这些问题的解决都有待于平台的优化与完善。

2. 平台的利用率不高

大学生体质健康管理平台的运行中还存在利用率不高的情况。这主要是因为大学生对平台的功能与使用方法不够了解,只使用平台进行体质测试成绩的查询,不知道平台还有其他的多元功能。导致这种情况出现的原因,一是平台自身确实存在功能不齐全的情况,二是宣传不到位。

3. 平台布局不是很合理

大学生体质健康管理平台在布局上存在一些不合理的因素,不管是学生还是管理员在使用时都存在不方便的情况。这就需要根据实际情况来对平台布局进行调整,使其更合理,如根据学生和教师对每个板块的使用率来判断哪些功能受欢迎,哪些功能不经常被用到,然后根据实际情况加以完善。

4. 难以做到有效互动,获得反馈

大学生体质健康管理平台缺少互动板块,这就使教师和学生难以进行互动,学生无法自由表达观点、咨询相关问题,因此学生关心的问题得不到解决,学生使用平台的感受和对平台改进的建议也无法进行反馈,不仅影响学生体质健康状况的提高,也影响了平台的进一步完善。

五、大学生体质健康管理平台的优化

(一)加强支持

各方面的支持是大学生体质健康管理平台得以建设与运行的前提。

教育部和学校的支持能够为大学生体质健康管理平台的建设提供良好的环境。为了大学生体质健康管理平台的优化,教育部和学校应加强支持力度。

(1)教育部应提供政策和资金来支持大学生体质健康管理平台的建设。

(2)学校应提供人力、物力和财力资源来支持平台的建设、管理与维护。

此外,学生的支持也是大学生体质健康管理平台运行的重要保障,他们可以从使用平台与反馈意见两方面对平台的运行提供支持。

(二)及时调整

没有什么事物是一成不变的,对于新出现的大学生体质健康管理平台来说,也是如此。大学生体质健康管理平台出现后,需要经过试运行才能知道它的优势和问题,然后才能有针对性地解决这些问题,进一步完善平台,再在实践中投入使用,这是一个普遍的过程。在试用过程中,要通过各种途径获取对平台使用情况的反馈,主要包括高校大学生基于自身体验的反馈、高校教师的反馈以及学校的反馈。可以制作一些调查问卷让管理人员、教师和学生回答,了解他们在使用这个平台的过程中遇到了哪些不方便的地方,由专门人员收集、整理这些反馈内容,然后根据反馈提出修改方案。最后根据反馈情况和修改方案进行及时的修改调整,使大学生体质健康管理平台更切合实际,更具实用性。

(三)进行创新

大学生体质健康管理必须坚持与时俱进的原则,树立新的理念,学习先进理论和先进技术,紧跟时代的步伐。在构建大学生体质健康管理平台时,也要依托先进的网络技术,使健康管理更加便捷、高效。

创新是时代的主题,也是大学生体质健康管理平台不断完善的重要途径。大学生体质健康管理平台的创新包括技术方面的创新、平台功能方面的创新以及管理方式的创新等。只有创新才能真正推动大学生体质健康管理水平的提高,才能利用先进的科技和科学的方法对大学生的体质健康进行有效管理。

不同高校有着自己的实际情况和特色,因此在各自的大学生体质健康管理平台建设与运行方面也要有针对性,真正发挥出自身的优势,做出特色,这也是创新的重要内容和要求。

第五节　大学生体质健康管理的机制创新

一、大学生体质健康管理机制概述

(一) 大学生体质健康管理机制的类型

大学生体质健康管理机制包括宏观机制、中观机制和微观机制三种类型。它们相互联系，相互作用，相互影响，每种类型都不可缺少。具体对三种管理机制分析如下。

1. 宏观机制

宏观机制是指从国家政府层面出发，对各个层级、对象进行协调管控，以政令决策等形式将各组织、各部门有效串联起来，通过建立标准、制定措施、综合评价等手段，发挥其在整个管理机制中的主要引导作用。[①]

我国大学生体质健康管理的宏观机制以纵向管理为主，实行"国家—地方—高校"三级管理机制。教育部设立了全国学生体质健康监测中心、省级教育行政部门设检测站、市级教育行政部门设检测点，并出台了《国家学生体质健康标准》（以下简称"《标准》"），明确指出《标准》的实施是在教育部、国家体育总局的领导下，由各级教育行政部门管理，体育行政部门指导，学校组织实施。按教育部要求，我国各级各类学校每年要通过中国学生体质健康网将本校学生体质测试数据报送至教育部国家学生体质健康标准数据管理系统。同时，教育部每年还会对各地实施《标准》的基本情况进行统计（按生源所在地），并以省、自治区、直辖市为单位公布基本情况。

2. 中观机制

中观机制涵盖于宏观机制之中，但与宏观机制相比，中观机制更详细和具体。中观机制多指由国家政府领导的下属行政单位对自身属性管辖范围内进行管理监督，对外同级部门、单位进行沟通互联，主要起承上启下的协调作用。[②]

---

① 匡泉.大学生体质健康管理机制创新研究[D].华南理工大学,2015.
② 同上.

在宏观机制管理下,市级教育行政部门成立了专门的机构与领导小组,并安排专人负责,实行岗位责任制。同时,教育部门和体育部门分工合作,教育部门负责培训师资、组织测试、数据统计等工作,并提供经费、器材等方面的保障;体育部门则主要对指导、辅导、协调、监督和统计资料等多个方面的工作负责。

中观机制的运行是在宏观机制的要求下进行的。教育部已经明确提出各地教育行政部门在体质健康管理中的权利和职责,并要求各地教育部门、体育部门按照《标准》对本地各级各类学校体质健康管理的工作情况进行监管,并将《标准》的实施情况纳入各级政府教育督导内容和评估指标体系中,作为对各地学校进行评优和表彰的依据,严厉惩处弄虚作假、徇私舞弊者,对情节严重者给予行政处分。

3. 微观机制

微观机制是宏观机制最基本的组成部分,微观机制受到宏观机制的引导,同时对宏观机制有直接的影响。

微观机制有着个体性差异,如各高校因地域、财政等多方面的不同而存在或多或少的差异,但基本相同的是,各高校大都是在学校分管校长的领导下,由学校体育部门(教研室)牵头,在教务部门、校医院、院系协助下,对体质测试工作进行协调分工,从而完成大学生体质测试任务。

各高校在微观机制管理方面,主要以完成体质测试任务,上报体质测试数据为主,部分高校成立专门的测试机构,并指派专人负责,只有少数高校会在整理完测试数据后向学生提供反馈,让学生了解自身体质状况,并为其制定个性化运动处方。

(二)大学生体质健康管理机制的特征

1. 行政性

我国政府以行政分级式管理形式构建了层级式的国民体质监测体系,以政府决策制定了《标准》。这样做的好处是执行力比较强,在政策文件的贯彻执行以及任务的安排完成上比较高效,但是存在着控制力不足的问题,出现了以下问题。

学校方面,存在严重的懒政问题。学校的所作所为只为完成上级交代的指标、任务,安于现状,不求进取。

学生方面,学生对体质测试认识不足,认为其只是学校安排的任务,与自己无关,从而不积极主动地认真配合测试。

以上问题导致大学生体质测试结果不容乐观,高校未能对大学生体质健康进行有效管理,大学生健康状况依然令人担忧。

2. 自主性

长久以来,我国高校都是在教育部的要求下进行体质测试,然后对测试数据进行汇总整理、录入系统,并在指定期限内上报至中国学生体质健康网。教育部在对高校体质测试的实施情况进行监督时,只是抽查部分学校的测试数据,看是否存在问题,抽查范围非常有限。在现实操作过程中,高校自行组织测试、自行上报数据的形式依然占主体地位。

教育部对高校提出了相应的评价要求,如大学生体质测试合格率低则不能评优。由于教育部对高校体质测试实施情况的监督存在漏洞,因此部分高校存在着为了学校评优私自篡改体质测试数据、虚报合格率的情况,这些不良现象是要杜绝的。

3. 指导服务性

指导服务是今后我国大学生体质健康管理的一个发展趋势,是在"大健康"背景下的一种由健康管理机构提供专业化指导、人性化服务的形式。从大学生角度来考虑,因为体质健康宣传普及不到位,所以很多大学生对体质健康的认识不足,平时锻炼也得不到专业性、针对性的指导。大部分高校还存在"为测试而测试"的现象,只有少数高校会对大学生的体质状况进行积极评价,并给予系统干预。

从《全民健身计划纲要》的颁布,到《关于加快发展体育产业促进体育消费的若干意见》将发展体育产业上升为国家战略,再到《"健康中国 2030"规划纲要》的出台,无不体现了国家对体育事业发展和国民健康的重视。而大学生是社会中的重要群体,其健康水平对整个国民体质健康水平的提升有重要意义。但我国健康管理处于起步阶段,市场需求广泛,要重视将健康管理引入高校大学生体质监测工作体系中,为大学生提供切实可行的专业化测试、有针对性的指导服务,甚至在大学生毕业后依然进行跟踪式的健康管理,从而有效扭转大学生连续多年体质下降的不良局面。

二、大学生体质健康管理机制存在的问题及解决方法

(一)大学生体质健康管理机制存在的问题

在我国大学生体质健康管理机制中,存在的问题主要体现在以下几个

方面。

1. 协调机制开发不足

从我国大学生体质健康管理机制的运行架构来看,国民体质监测中心、各高校体质测试下设工作小组以及地方健康协会是上下级直线型的领导组织关系,分属三条主线,因此在工作过程中多是各自为战,很少有交集,缺乏合作与协调机制。因此,在大学生体质健康管理中,应以高校体质测试工作为突破口,搭建合作平台,加强政府机构、高校、社会组织三者之间的联系,形成互抓互促共管、协同创新的良好局面。

2. 监督机制不完善

现阶段,我国大学生体质健康管理的突出问题之一就是监督机制不完善,具体体现如下。

(1)高校在教育部的要求下进行体质测试数据的上报,采取的主要方式就是通过账号直接将测试数据上报至中国学生体质健康网,而且数据庞大、繁杂。这样,在缺少了中间行政级别的监督的情况下,高校的数据难以得到核查。高校在上传数据的过程中,为了评优,还有可能出现弄虚作假的情况,虽然存在复查机制,但监督效果也不是很理想。

(2)在我国,高校有多重属性,如教育部直属高校、国务院侨办直属高校以及省教育厅分管等多种属性,因管辖划分和级别限制的原因,高校所在市政府在管理方面就存在一定的困难,难以有统一的监督办法进行管理。

(3)在大学生体质测试过程中单独进行检查督导式的监督是远远不够的,部分高校为完成上级指派的任务而组织大学生体质测试,其实并不是真正关心大学生的体质健康情况,更不会在体质测试结束后进行评价与干预。

3. 预警机制缺失

大学生体质测试存在一定的风险,而我国大学生体质健康管理中缺乏一定的预警机制,因此导致了一些大学生受伤猝死等事件的频繁发生。

由此看来,建立风险管理和预警机制是十分必要的。教育部也根据情况,对大学生体质测试的要求进行了进一步的优化,如取消了其中的一些选测项目,并将800、1 000米中长跑作为大、中学生的必测项目。教育部改变大学生体质测试项目的做法,并不是取消了可能使大学生受伤的测试项目,而是加强了对体质测试的要求。而为了防患于未然,科学应对突发性事件,政府、高校要对建立预警机制给予高度重视,加强风险管理,最大限度地降低意外伤害事故发生的可能性。

第四章 大学生体质健康管理的运行体系

(二)解决大学生体质健康管理机制存在问题的方法

1. 开发协调机制,实现交互管理

目前,大学生体质健康管理组织机构在架构上相对独立,需要进一步开发协调机制。协调机制的开发可以从横向与纵向两个方面进行分析。从横向来看,地方体质监测中心与高校成并列状态,协调互助路径还未开发,开发横向协调机制就有助于促进不同体质监测单位之间相互合作与学习;从纵向看,地方教育部门、体育部门对下属的体质测试单位的管理以传统扁平式管理为主,协调路径还没有从根本上发生转变,开发纵向协调有助于促进体质监测管理者和执行者之间进行密切交流与互动。通过横向和纵向两个方面协调机制的开发,实现交互式的管理,有助于体质监测的管理者和执行者之间角色的互动,使体质监测的管理者真正参与到基层体质测试工作中来,也使体质监测的执行者能更好地执行管理者的决策,从而使大学生体质健康管理机制的运行更加顺利,实现内外组织结构的相互协调,以致更好地开展大学生体质监测工作,提高大学生体质健康管理效率。

2. 转变监督机制,推进激励管理

转变监督机制,要加强对体质测试操作各个阶段的监督,除此之外,还要分析部分高校中存在为测试而测试、只测不评等不良现象的原因,改变传统的惩戒管理方式(如测试数据合格率达不到要求,学校没有评优资格等),避免在大学生体质健康水平已经连续多年下降的情况下给高校体质测试工作增加过多压力,采用各种激励手段主动推进激励管理,调动高校的积极性,使高校在政府身上找到认同感与归属感,从而更好地开展体质测试工作。因此,新型的监督机制再配以激励式的管理将有助于进一步开展大学生体质健康管理工作。

3. 建立预警机制,加强风险管理

体育运动本身具有一定的风险性,虽然体质测试中的运动形式不激烈,也没有对抗性,但同样存在风险。体质测试中的突发性安全事件是对政府及高校工作能力的考验,如果地方政府和高校在体质测试方面缺乏预警机制和风险管理,也没有相应的文件和措施来处理高校大学生体质测试中的突发性事件,就会导致体质测试中学生的安全得不到保障。针对这个问题,可以采取以下几个方面的应对措施。

(1)通过多种途径转嫁风险。大学生体质测试中存在着不可预知的风险,政府相关部门可通过统一购买保险、设立风险基金等方式,通过转嫁风险,减少高校在体质测试中因客观存在的风险而承受的高额赔偿。

(2)增强大学生安全意识。高校应通过多种途径普及运动安全知识,增强大学生安全意识。尤其要告知大学生预防潜在风险的重要性,在进行体质测试前,要对学生进行培训与提醒,告诫学生不要空腹或饱食运动,要做好准备活动,着装要合理,从而预防运动损伤的发生。

(3)高校在体质测试中应配备必要的医疗预案,加强风险应急管理,减少损失,降低伤害程度。

三、大学生体质健康管理机制的完善

大学生体质健康管理机制的完善,应从体质健康管理机制的构成要素着手,具体分析如下。

(一)决策与组织机制方面

影响大学生体质健康情况的因素有很多,也存在体育教师、辅导员、校长、相关领域专家团体、各级行政部门的负责人等多个决策主体。因此,确定权利结构、责任权利关系统一和构建组织体系就是非常必要的工作。

1. 确定权利结构

明确教育、卫生、体育等部门之间的权力关系,确定决策主体是谁,并合理分配权力。

2. 责任权利要统一

大学生体质健康管理的决策者要受到责任约束,并给予权力保证,同时享受对等利益。

3. 构建组织体系

体质健康管理是一项复杂的系统工程,要想提高大学生体质健康水平,仅仅发挥行政部门和学校的作用是不够的。在此情况下,作为管理领导主体的政府,就应该引导各组织发挥作用,协调开展工作。

(二)激励与约束机制方面

家庭和社会的力量在提高大学生的体质健康水平方面发挥着重要作用,因此,政府在出台制度或文件的同时,还要运用物质激励、精神激励、制度激励、目标激励等多种形式来激发家庭、学校、社区等多方面的积极性,为大学生体质健康水平的提高创造一个良好的发展环境。

在大学生体质健康管理中,要构建涉及利益、权力和责任的约束机制,管理者和组织者要利用权力对系统运行进行约束,有关部门也要约束组织管理者对权力的运用。此外,还要调节体育部门、卫生部门、教育部门等有关部门的利益关系,把利益因素约束在一定范围内。

(三)运行与保障机制方面

大学生体质健康管理运行与保障机制的完善,需要政府、社区、学校、家庭和体育社会组织合理分配资源,充分发挥自身作用,以保证机制的高效运行。具体来说,应该做到以下几个方面。

1. 政府提供政策和制度保障

政府应出台相应政策文件,建立大学生体质健康监测评价制度,完善体育公共服务体系,优化竞赛制度。

2. 社区多开展体育活动

社区利用体育场地设施资源,调动社会体育指导员的积极性,多开展体育健身活动,维护学生的身心健康。

3. 发挥学校体育的作用

高校要始终贯彻"健康第一"的指导思想,全面实施《标准》,确保学生每天锻炼1小时。重视体育课和课外体育活动的作用,将其作为大学生学习体育知识与技能、养成终身体育意识、增强体质的重要途径。因此,要努力提高体育教学和课外体育活动的开展质量,评价学生全面发展时将健康素质作为重要的指标。

4. 发挥体育社会组织的作用

充分发挥体育协会、体育社团、非营利性体育俱乐部等体育社会组织的作用,构建多元化体育公共服务体系。

(四)评价与监督机制方面

对大学生体质健康进行管理,需要做好评价与监督工作,因此要对评价与监督机制进行完善,具体可以从以下方面着手。

1.体质检测

对大学生的体质状况进行检测,并分析其变化趋势,这可以通过利用信息网络技术的优势,通过建立监测管理网络系统和数据资源平台等实现。政府部门也要建立大学生体质健康检测站,履行体育公共服务职责,构建大学生体质健康监测网络体系。

2.科学评价

政府部门应对《国家学生体质健康标准》的实施情况进行全程跟踪评价。教师、家长和大学生本人也可以采取定量和定性相结合的方法对涉及体质健康管理的人员配备、体育场地设施、资金投入等情况进行评价。

3.加强监督

对于学校、政府、社区等来说,都要建立自身的监督组织,加强对人、财、物等资源的监督。同时,要充分发挥网络、报刊、电视等媒体的社会监督作用。[1]

四、大学生体质健康管理机制的创新

我国政府十分关注大学生体质健康,并出台了相关的政策文件,采取了一系列的措施,但大学生体质健康水平下降的趋势仍然没有得到有效遏制。

长久以来,我国大学生体质健康管理都处于政府机制下,由政府统一管理。这种管理方式有其优势,但也存在一定的问题,如容易导致大学生体质健康干预的效率低下、效益不佳等。目前,在大学生体质健康管理方面发挥主导作用的是高校,由于处于垄断地位,没有相应的竞争机制,因此,高校也没有相应的危机意识,只是被动完成上级部门布置的体质测试任务,而没有真正关心大学生的体质健康。大学生体质健康干预相对于大学生体质测试工作来说,工作量要更大,需要投入的时间和精力要更多,因此高校在大学生体质健康管理中存在"重测试、重数据、轻指导、轻干预"这一不良倾向也就在所难免。

竞争性是市场经济的主要特性。面对诸多竞争对手,企业管理者要保证自己的产品、服务持续占有市场份额,必须及时更新技术、信息。与政府

---

[1] 寇现娟.青少年体质健康促进的管理机制研究[J].青少年体育,2016(01):108−109+136.

◀ 第四章 大学生体质健康管理的运行体系

机制相比,市场机制拥有更强的自觉性和自主性,对工作效率和效益更加注重,能对政府机制起到有力的调节作用。同理,在大学生体质健康管理中引入市场机制,自然也能弥补政府机制的不足。在大学生体质健康管理方面,专门为大学生提供专业健康管理服务的企业、公司还比较少,因此,大学生体质健康管理还有很大的市场开拓空间。

要推动管理机制的创新发展,就要采取增长型战略,也就是利用市场机制的优势,向政府部门以及大学生群体进行健康管理方面的宣传,加强普及与推广,逐步向大学生体质健康管理服务市场渗透,并把握政府出台相关政策的好机会,加速开发和占领潜在市场。

第五章 大学生体质健康管理的保障体系

拥有一个健康的身体对于大学生的发展具有重要的意义,大学生参加一切活动都是建立在身体健康的基础之上的。在平时的学习和生活中,大学生要重视自身体质健康的管理,要杜绝一切不良习惯,建立有益的生活方式。总之,就是要求为大学生建立一个促进身体健康发展的保障体系,以维护和促进身体健康发展。

第一节 健康教育

健康教育是大学生体育教育的重要内容,通过健康教育,大学生能充分了解自己的健康水平,掌握各方面身心健康的知识,认识到健康教育的价值和意义。

一、健康教育的价值

(一)树立正确的健康观

当前,我国正走在社会主义现代化建设的道路上,要实现全面建设小康社会的目标,就必须要具备良好的身体素质,这样才能够全身心地投入到各项事业之中。只有拥有健康的体魄才能更加深刻地理解生命的意义,品尝社会发展所带来的幸福。提高全国人民的生活水平和质量是我国全面建设小康社会的根本出发点与落脚点。人们生活水平与质量的提升,不仅仅表现在物质生活的丰富和良好的学校教育上,还体现在人民群众身体健康水平的提升上。

随着现代社会的不断发展,人们对健康的认识也不断加深。现代健康新观念认为,健康不只包含人体素质的发展,同时还包括心理、智能、个性以及社会适应能力的发展。只有以上几个方面共同发展了,才称得上是全面健康。但实际上,在日常生活中,人们理解的"健康"比较简单,那就是没有疾病,这一思想观念是不对的。

第五章　大学生体质健康管理的保障体系

通常情况下,健康应包含三个方面的含义:第一,自然性意义上的健康,指的是人是一个自然体,人的组织器官以及生理功能都完好无损,一切都处于正常的状态,这是生物意义上的健康;第二,文化意义层面上的健康,是指人与动物不同,人具有自己的思维,能根据自己的思想去改造世界,这与大自然中的动物是不同的,这一健康是文化层面上的健康;第三,社会性层面意义上的健康,指的是人是社会的人,人要想在社会上立足,就必须要正确处理好个人与社会之间的关系,处理好与社会互动的关系,个体的各种行为在一定程度上会受到社会制度、道德规范等方面的制约和影响,只有具备良好的心理品质(如良好的认知水平、坚定的意志品质、高尚的审美情趣等)才能称得上是社会意义上的健康。

综上所述,随着现代社会的不断发展,健康的观念也日益更新。判断一个人是否健康,不能仅仅只从生理上去评定,而应该结合生理、心理、行为、社会适应性等多方面综合判断。

(二)促进全民健康发展

目前我国已进入社会主义现代化建设的新时期,在新的时代背景下,全民健康应包括全新的健康观念、主动的健身意识、科学的锻炼方法、现代化的体育设施、良好的锻炼氛围及环境等多个方面,只有这几个方面共同发展了,才能实现全民健康发展的目标。

在新的历史时期,对人们进行健康教育是尤为重要的,促进全民健康也一直是我国社会主义现代化建设的目标。总的来说,健康教育的积极作用主要体现在以下两个方面。

1.传播健康意识

要想实现健康教育,促进全体国民体质增强的目标,少不了一定的宣传。体育工作者要肩负起健康教育宣传的重任,通过现代多媒体向人们宣传健身的重要性,帮助人们建立正确的健康观念,深刻理解健康的内涵,明白健康教育的重要性。

2.推动科学健身

大量的事实表明,经常参加体育运动锻炼,不仅能增强体质,还能促进人们心理的完善,使人们获得身心健康的发展。人们在参加运动锻炼后,平时所积累的焦虑、抑郁、紧张等情绪能够得到有效的释放,从而获得充沛的精力和愉快的心情。需要注意的是,体育活动不仅有短期效应,而且也有长期效应。人们长时间参加有规律的体育运动锻炼,能缓解不良情绪,建立积极的自我概念,增加自信心,促进个性化发展。

需要注意的是,并不是所有的体育活动都是对人体有利的,人们要根据自身情况做出合理的选择。在参加体育运动锻炼时,还需要考虑运动的时间、运动强度以及运动频率,这几个方面的安排将会对人的身体与心理产生不同的效应。在具体的体育运动锻炼中,人们一定要坚持科学锻炼的基本原则,采用科学的锻炼方法来提高自己的身体素质。

(三)促进心理素质的发展

心理学理论研究认为,人脑的各种活动都是在大脑皮层的作用下进行的,通过适当的心理调节,能在一定程度上改善人们的内脏器官,从而更好地调控自身各种行为。在平时的生活、学习和工作中,我们要学会提升自己的心理素质,将自身心理调节到一个相对平衡的状态,这样才能以积极饱满的情绪投入到工作中,提高工作的效率。对于青少年而言,他们的心理健康至关重要,青少年的发展还关系到一个家庭的幸福。不论是家庭、学校还是社会都应该树立起"健心"的意识,在平时多开展一些心理健康教育活动,努力营造一个良好的全民"健心"的社会环境,这对于促进国民心理健康具有重要的意义。

在全民健身发展的今天,我们还要不断加强全民健身的宣传教育工作,让人民群众深刻理解健康的真正内涵,建立健康的新观念,让广大人民群众在注重健身的同时也注意"健心"。体育工作者要起到领头的作用,为人民群众做好健身的良好示范,积极传播以健身促进心理健康、以"调心"促进身体健康的健康理念,从而实现真正意义上的健康,促进我国全体国民的健康。

二、大学生身体发育健康教育

(一)人体生长发育阶段划分

1. 人体生长发育分期

人的一生要经历各个时期,一般来说,大致分为胚胎期、胎儿期、婴儿期、幼儿期、童年期、少年期、青春期、成年期和老年期(表5-1)。

在人的各个生长时期中,青春期是至关重要的。青少年发育的启动标志着人在身体上的全面成熟,这一身体发育阶段非常重要。作为青少年及青少年的家长要十分重视青少年青春期的发育,为其健康成长提供

第五章 大学生体质健康管理的保障体系

良好的保障。

表 5-1 人体生长发育时期

时间	生长发育时期
受孕 0~9 周	胚胎期
9~38 周	胎儿期
出生~1 岁	婴儿期
1~3 岁	幼儿期
3~6 岁	童年期
6~10 岁	少年期
10~23 岁	青春期
23~54 岁	成年期
55 岁以上	老年期

2.人体生长高峰

人的一生的生长速度不是稳定不变的,而是呈现出波浪式起伏的状态,并且发展到一定年龄后就会停止生长发育。通常情况下,人的一生中只有两次身体发育最为突出,被称为人体的"生长高峰"(图 5-1)。

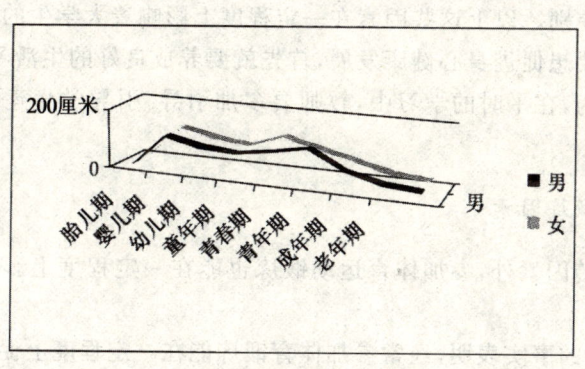

图 5-1

(1)第一次生长高峰:从胎儿期至出生后 1 岁,时间只有一年零九个月,但体重却增加了大约 22 倍,由此可见身体发育的速度非常快。

(2)第二次生长高峰:青春期。这一时期,青少年的身高和体重都发育得非常迅速,可以说是一个从量变到质变的飞跃过程,这一时期对于青少年的成长至关重要。成年人不仅要指导青少年加强营养的吸收,还要引导他们参加必要的身体锻炼,促进身体素质的发展和提高。

(二)影响大学生生长发育的主要因素

1. 遗传因素

人有高有矮,有胖有瘦,其中人的身高主要受遗传因素的影响。据研究表明,人的身高的遗传度大约为 75%,而 25% 则取决于环境因素。但需要注意的是,遗传方面的因素只能决定人生长的潜力,潜力是否能得到充分的发挥还在一定程度上受后天环境因素的影响。

但是,在染色体的分裂和配对过程中,每个人的基因显现性是不同的,因而出现父母不高,子女却很高;父母不矮,但子女却不高的现象。同样,在兄弟姐妹中,由于基因显现性不同,身高可能存在一定的差别,这些都是正常现象。但总体上来说,遗传还是影响身高的最主要的因素。

2. 饮食营养因素

与成年人相比,青少年对饮食营养的需求更为旺盛,主要表现为:既要热量充足、质量齐全、进餐规律来满足身体需求,又要以择食合理、摄食有度、个体有别等来满足学习、交往和社会活动的需要。每一名大学生的生活习惯、生活能力与经济条件都存在着一定的差别,因此他们的饮食行为都存在着一定的差别。以上这些因素在一定程度上影响着大学生的身心健康发展。大学生要想促进身心健康发展,首先就要养成良好的生活习惯,杜绝不良的饮食行为,在平时的学习中,教师要多加引导,引导学生建立正确合理的生活方式。

3. 体育锻炼因素

除了遗传因素外,参加体育运动锻炼也能在一定程度上影响青少年的生长发育。

(1)大量的事实表明,经常参加体育锻炼能在一定程度上促进人体的生长发育,这一后天因素对于青少年的健康成长起着十分重要的作用。

(2)经常参加体育运动锻炼,还能加快人体血液循环,增加血液供给,使青少年的骨骼获得更多的原料,从而获得快速生长。

(3)现代社会追求人与自然的和谐发展,户外运动作为一项与大自然密切接触的运动项目深受热爱刺激的青少年的欢迎和喜爱。在大自然中参加各种户外运动,通过阳光的照射,人体骨骼能够更好地吸收血液中的钙盐,从而促进骨的生长,对于青少年身高的增长以及身体素质的发展具有重要的作用。

4. 睡眠因素

大量的研究与实践表明，人的睡眠与生长激素的分泌有十分密切的关系，良好的睡眠有助于促进人体生长激素的分泌，从而有利于青少年的生长发育。因此，大学生每天的睡眠时间一定要充足，并且要保证良好的睡眠质量。

5. 行为因素

除以上因素外，大学生的各种生活行为也会在一定程度上影响其生长发育。因此，行为因素也是影响大学生身体健康的重要因素之一。如有一项调查表明，吸烟饮酒的青少年，其身高要低于不吸烟饮酒者。母亲吸烟饮酒，其子女的身高值均低于不吸烟饮酒者。因此，我们一定要养成良好的生活习惯，戒烟禁酒，保证良好的睡眠和充足的营养，这样才有利于身体的生长发育。

三、大学生行为健康教育

行为健康也是大学生身体生长发育的重要内容，因此对大学生进行行为健康教育也是尤为必要的。

（一）促进健康行为

促进健康行为是指被健康的结果所强化或者朝向健康的行为，这一行为主要包括以下几个方面。

1. 基本健康行为

大学生要想促进身体健康发展，首先就要养成良好的健康行为，如合理的营养膳食、充足的睡眠、科学健身等都属于良好的健康行为。保持良好的健康行为对于大学生而言具有十分重要的意义，这甚至会对其一生产生重要的影响，因此大学生要严格要求自己，养成良好的生活习惯和健康行为。

2. 预警行为

预警行为是指预防事故发生和事故发生以后正确处置的行为。如大学生上体操课前所做的一切防护或在发生运动损伤后采取的治疗措施就属于一种预警行为。这一行为是一种重要的促进健康行为，能保证大学生的身体健康和人身安全。

3. 保健行为

保健行为是指有效利用卫生保健服务,以维护身心健康发展的行为,如定期身体检查、心理咨询、身体康复促进等都是积极的保健行为。

4. 避开环境危害

人们在日常生活和工作中都会遇到一些对人体健康有害的因素。人们采取各种手段避开这些因素的行为就属于避开环境危害的行为,也可以叫作促进健康行为,如乘公共交通工具以减轻环境污染、缓解紧张的心理压力等都属于这一行为。

5. 戒除不良嗜好

不良嗜好是指那些对人体健康有危害的个人偏好,如吸烟、酗酒等行为。戒除这些不良嗜好对人体健康发展具有重要的促进作用。

(二)危害健康行为

危害健康行为是指与个人、他人以及社会的健康期望相偏离的行为。通常来说,危害健康的行为主要分为以下四大类。

1. 不良生活方式与习惯

生活方式是指一系列日常活动的行为表现形式。一般情况下,一旦形成了生活方式人们就会自然而然地将某种行为作为日常的活动。因此,一旦形成了不良的生活方式就会导致严重的后果,如吸烟、酗酒、缺乏锻炼等都属于不良的行为习惯,严重危害着人们的身心健康,因此一定要杜绝这些不良的生活方式与习惯。

2. 致病行为模式

致病行为模式是指导致特异性疾病发生的行为模式,一般来说,致病行为模式主要有 A 型行为模式和 C 型行为模式两种。其中 A 型行为模式与冠心病有着密切的关系,主要表现为争强好胜、强烈的进取心。这一类型的人通常将大部分精力投入到工作之中,有着强烈的时间紧迫感。另外,这一类人的攻击性非常强,敢于主动出击,但是一旦遇到困难和挫折就会变得十分愤怒,难以控制不良的情绪。

C 型行为模式则与肿瘤有着极为密切的关系,主要表现为压抑的情绪,自我克制力比较强,容易生闷气,这一类人容易发生胃癌、肿瘤等各种疾病。

3. 不良疾病行为

不良疾病行为是指个体从感知到自身有病到疾病康复全过程所表现出来的一系列不利于心身健康的行为。这一行为的主要表现形式有:疑病、恐惧、迷信和自暴自弃等,这些都不利于身心健康发展。

4. 违反社会法律、道德的危害健康行为

吸毒、性乱等危害健康的行为都属于此类行为,这一类行为不仅不利于个人的身心健康,也会对社会稳定产生较大的威胁。如吸毒可直接产生成瘾的行为,成为一种社会公害;而混乱的性行为则可能导致性传播疾病和艾滋病等,严重危害社会健康,影响社会的和谐发展。

四、大学生生理健康的评估

生理健康的评估也是大学生健康教育的重要内容,通过生理健康的评估,大学生能充分了解和掌握自身身体状况,从而采取有针对性的措施和手段加以调整,以促使身心健康发展。

(一)症状

症状是指个体主观感受到不适或痛苦的异常感觉或病态改变。一般来说,这些改变主要包括主观感觉和客观表现两种形式。如身体感到疼痛就属于主观感觉,而消瘦、偏矮等则需要通过一定的客观评定才能确定是否存在健康问题,这一种情况就属于客观表现。

一般情况下,出现不良身体状况时,常见的症状主要有发热、头痛、呕吐、腹痛、腹泻、眩晕、尿痛等。这些症状患者能深刻地感受到,在就医时,患者要向医生详细描述自己的症状。这样有助于医生了解症状发生的过程,从而得出准确的诊断。

(二)体格检查

体格检查是指医生通过自己的感官或借助简单的工具对患者进行系统检测的方法,主要是观察和确定患者的体征情况。体格检查也是大学生生理健康评估的重要内容,通常来说主要包括:身体状况、生命体征、身体各器官水平和神经系统检查等。一般情况下,通过简单的问诊和观察,医生能做出准确的临床诊断。

(三) 辅助检查

辅助检查是指利用专门的医学仪器或化学、生物试剂,对患者的各项生理功能以及体液、排泄物、分泌物等标本进行检查,对医生的临床诊断能起到重要的辅助作用。辅助检查的内容有很多,其中血常规、尿常规、大便常规、各种生物化学检查以及影像学检查、器械检查等都是最为常见的检查内容。

通过以上检查,能对大学生的生理健康有一个客观准确的评估,通过检查得出的反馈信息,大学生能详细地了解自己的身体状况,能针对各方面的不足进行有针对性的体育锻炼和治疗,从而促进身体机能的发展,维护身体健康。

第二节 体育锻炼

一、大学生体育锻炼的内容

大量的实践和事实表明,经常参加体育运动锻炼能有效增强体质,提高人体机能,促进身心的全面发展。大学生正处于青春期的发育阶段,活泼好动,富有趣味性和娱乐性的体育运动项目通常会受到大学生的青睐。可供大学生选择的体育锻炼项目有很多,下面就进行简单的阐述。

(一) 田径运动

田径是一个大项,涵盖了众多关于走、跑、跳、投的项目。如 100 米、200 米、400 米、800 米等中短距离跑,5 000 米、10 000 米等长距离跑,跳远、三级跳远、跳高、撑竿跳高等。这些项目都是人类在改造自然的斗争中逐渐形成和发展起来的,与人们的劳动和生活有着极为密切的关系。这些项目是大学生全面提高身体素质,促进身体健康发展的基础运动项目,大学生可以根据自己的兴趣和爱好自由选择。

(二)体操运动

体操一般分为基础体操和竞技体操两大类。竞技体操,我们平时较少接触到,只有在奥运会等大型赛事中才能看到世界高水平体操运动员参加比赛的身影。

常见的体操主要有广播操、生产操、医疗体操等,这些体操项目富有活力,具有良好的健身效果,大学生可根据自己的兴趣自由选择,像时下比较流行的健身操、器械健美操等都是非常好的健身项目,经常参加这些项目的锻炼,有益于人的身心发展。

一般来说,竞技体操主要包括男子单杠、双杠、吊环、鞍马、自由体操、跳马6项;女子高低杠、平衡木、自由体操、跳马4项;男女子个人、男女子集体、男女混合体操和与音乐、舞蹈相结合的艺术体操、健美操等。这些项目对人体素质及运动能力都有较高的要求,大学生可以结合自己的实际情况合理选择。

(三)球类运动

在当今所有的体育运动项目中,球类运动是一个大项,如篮球、排球、足球、乒乓球、网球、羽毛球等,这些球类项目都具有较强的趣味性和健身性,同时很多项目的身体对抗性也非常强,这非常符合处于青春期的大学生的心理需求,因此受到他们的青睐。经常参加球类运动锻炼,能很好地提高大学生的身体素质,发展大学生的反应能力和各种运动能力,对于大学生将来毕业走上社会快速适应社会也具有非常大的帮助。

(四)武术运动

我国传统武术历史悠久,属于传统文化的重要内容。武术以踢、打、摔、拿、击、刺等攻防格斗动作为素材,按照攻进守退、动静结合、刚柔虚实等矛盾的相互变化规律,编排成徒手和持器械的各种套路进行练习。

我国传统武术有着非常丰富的内容,各种武术套路变化多端,不同的套路有着不同的风格,另外各个武术套路的运动负荷也是不同的,能满足不同年龄、不同性别武术爱好者的锻炼需求。发展至今,武术在世界上的影响力与日俱增,这充分彰显了中华武术的魅力。

(五)游泳运动

游泳运动是当下非常流行的健身项目,经常参加游泳运动能提升人的无氧耐力,对于减肥还有良好的功效,因此深受健身人群的欢迎和喜爱。一般来说,游泳运动常见的泳姿主要有自由泳、蛙泳、仰泳、蝶泳等。大学生可以依据自己的身体条件和爱好自由选择。

(六)舞蹈运动

一般来说,舞蹈运动主要包括以下几种形式。

(1)集体舞蹈。这一类舞蹈的动作比较简单,以集体形式参与,并配以明快的乐曲,有节奏地边唱边舞,具有较强的感染力。经常参加这一项运动,能培养大学生良好的文化修养、审美能力和交往能力。

(2)民间舞蹈。这是一种能很好地陶冶人的情操的传统舞蹈项目,如狮子舞、秧歌舞等,都是深受人们喜爱的舞蹈形式,这一类舞蹈形式对丰富人们的精神文化生活、促进人际关系的完善都具有非常重要的作用。

(3)体育舞蹈。体育舞蹈深受年轻人的欢迎和喜爱,具有较强的艺术魅力。体育舞蹈主要有摩登舞和拉丁舞两个大类,每一个大类又包括诸多的小类,如恰恰恰、桑巴、探戈、华尔兹等都是其中重要的几种形式,而冰上舞蹈、花样滑冰、花样游泳等也都属于体育舞蹈的范畴。这些舞蹈内容通常表现出健康美、动作美、姿态美等特征,能给人以愉悦的观赏享受。参与这一类运动要求大学生必须具备出色的身体素质和运动技能,经常参与这一类运动还能培养和提高大学生的审美素养。

(七)民族体育运动

民族体育运动是指各民族根据自身的风格和独有的地方色彩进行的一类体育活动,其在我国有着悠久的历史。如射箭、赛马、摔跤、龙舟、高跷、毽球、赛骆驼、跳竹竿等都是比较常见的项目,在各民族中有着广泛的影响力。经常参加这些民族体育活动,既能增强身心健康,又能提升民族自信心,对于社会主义现代化建设具有非常重要的意义。

(八)户外运动

经常参加户外运动能有效提高人体对自然环境的适应能力,增强身体的抵抗力,因此这一运动项目具有显著的生理价值。大自然中的阳光、空气和水等都是人体健康不可缺少的重要能源。人们在参与户外运动锻炼的过程中,既锻炼了体质又能享受到户外大自然的风光,使人心情愉悦。常见的户外运动项目主要有登山、游泳、滑雪、滑冰、滑翔、钓鱼、野营等,大学生参加这些运动能扩大自己的知识面,得到精神满足,促进自身全面发展。

二、不同季节体育锻炼的安排

(一)春季体育锻炼

一般来说,在经历了一个冬季后,人体各器官功能普遍处于一个较低的水平,无论是肌肉,还是韧带都显得较为僵硬。因此进行适当的体育锻炼是尤为必要的。在春季参加体育运动锻炼,选择的运动项目或运动方式要以能加速体内的新陈代谢为主,能有效提高人体各器官的机能水平。另外,要尽可能选择以有氧代谢为主的运动项目,运动负荷的安排要合理,符合个人的身体条件。另外需要注意的是,大学生在参加体育锻炼时,要做好充分的准备活动,这样能避免运动损伤,在锻炼结束后还要做必要的整理活动。

(二)夏季体育锻炼

炎热的夏天给大学生的体育锻炼带来了诸多不便,在一定程度上影响了大学生体育运动锻炼的连续性,这对于大学生身体素质的发展和提高产生了不良影响。因此,尽管会受到夏季气候、环境的不良影响,但也不要荒废了体育锻炼,要克服困难,迎难而上。大学生要结合自己的实际情况合理安排锻炼的方法和时间。可以选择一些具有较强锻炼价值和富有趣味性的运动项目,如羽毛球、网球等。参加锻炼的时间最好选择在清晨和傍晚进行,在参加锻炼后要注意补水,以避免脱水和中暑现象。

(三)秋季体育锻炼

秋季,气候温度适宜,不冷不热,因此是参加体育运动锻炼的良好时机。大学生可以根据自己的兴趣和爱好自由选择体育运动项目,如各种球类运动、健身跑、自行车等。需要注意的是,秋季一般早晚气温低,昼夜温差大,因此在参加体育锻炼时要根据气候变化情况适时增减衣物,避免感冒。此外,秋天天气干燥,大学生在参加体育锻炼的前后要注意及时补水,以促进人体的新陈代谢。

(四)冬季体育锻炼

冬季也是一个比较适宜体育锻炼的季节,大学生通过参加各种形式的体育运动锻炼,能有效提升自身水平,增强人体对抗各种疾病的能力。冬游、滑冰、滑雪以及篮球、足球等。由于冬季身体机能惰性较大,人体肌肉组织容易受伤,因此大学生在体育锻炼的过程中一定要做好必要的防护,在参加锻炼的过程中,主要采用鼻吸口呼的方式或口鼻同时呼吸的方式,以避免呼吸道发生感染。

三、不同体质大学生的体育锻炼安排

这里将大学生的体质分为健康型、一般型、体弱型、消瘦型和肥胖型等几种。每一种类型的大学生,其体质存在较大的差异,因此在参加体育锻炼的过程中一定要结合自身实际做好合理的安排。

(一)健康型人群的体育锻炼安排

健康型大学生的特点是身体健壮,对参加体育运动锻炼充满了欲望,且在体育锻炼的过程中能承受较大的运动负荷。这一类型的大学生可以结合自身实际选择一两项运动项目作为主要的锻炼手段,在具体的锻炼过程中,可以采用循环法、重复法等多种锻炼方法,以有效提升自身的身体素质。

(二)一般型人群的体育锻炼安排

一般型大学生的体质水平比较一般,虽然体质一般但也没有什么不良疾病。据调查发现,这一类型的大学生通常都认为自己无病,不需要参加体育运动锻炼,这种认识是非常错误的。终身体育理念告诉我们,体育运动锻炼伴随人的一生,人们要建立起运动锻炼的热情和恒心,不能流于形式。在选择运动项目时,这一类型的大学生应选择那些富有趣味性的能切实取得锻炼效果的运动项目,如篮球、足球、乒乓球、羽毛球、游泳等。经常参加这些项目的运动锻炼,能取得不错的锻炼效果。

(三)体弱型人群的体育锻炼安排

这一类型的大学生,通常身体虚弱而多病。因此更应该参加体育运动锻炼,以增强体质、战胜疾病。大学生在选择运动锻炼方式时,需根据个人情况选择适宜的运动项目,如慢跑、太极拳、有氧健身操等都是有效的运动项目。在运动锻炼的过程中,不要急于求成,要循序渐进地进行,待身体素质慢慢好转时再选择运动强度较大的运动项目。

(四)消瘦型人群的体育锻炼安排

消瘦型大学生是指体重低于正常标准,身体看上去偏瘦的大学生,在大学校园中,这一类型的人并不在少数。为了使自己的身体更加壮实和丰满,这一类大学生需要选择合理的健身手段和方式,如参加足球、篮球等球类项目,以及游泳、骑自行车等都是很好的项目。在参加运动锻炼的过程中,要持之以恒地进行,长期锻炼下去就会发展为肌肉发达、身体匀称的健康体型。

(五)肥胖型人群的体育锻炼安排

肥胖型大学生指的是体重超过正常标准的大学生,这一类型的大学生非常常见,实际上随着现代社会的不断发展,患有肥胖症的人越来越多,因此要引起重视。这一类大学生参加体育锻炼的主要目的就是减肥,塑造良好的体型,在运动项目的选择上,可以选择一些有氧运动或者有氧无氧混合运动,如游泳、骑自行车等。坚持锻炼下去就能获得不错的效果。

第三节 运动营养

人体在运动的过程中会消耗大量的能量,因此加强运动中的营养补充是尤为必要的。本节就重点阐述运动营养的基本知识,指导大学生如何在运动锻炼中加强营养的补充。

一、人体所需的营养素

(一)水

人体在参加长时间的运动锻炼后,体温会逐渐升高,在这样的情况下,人体排汗会较多,水、盐和维生素都会有一定程度的流失,长时间如此,人的身体能力和运动能力就会出现下降的现象。而严重的失水现象则会对人体带来不良的影响(表5-2),因此在运动中及时补充水分是尤为重要的。

表5-2 失水对身体机能的影响

失水程度(占体重%)	对身体机能的影响
2%	强烈口渴,不适感,食欲下降,尿少
4%	不适感加重,运动能力下降20%~30%
6%	全身乏力,无尿
8%	烦躁、体温升高、心率加快、血压下降、循环衰竭甚至死亡

一部分大学生在参加运动锻炼的过程中,偶尔会发生运动性脱水的现象,运动性脱水是指由运动而引起的体内水分和电解质丢失过多的现象。其原因在于在高强度锻炼情况下大量出汗而未及时补充水分,因此一定要注意在运动中补水。

(二)糖类

糖类能为人体参与各种运动提供必要的能量,因此糖类的补充非常重要。在实际的运动训练过程中,个体对摄入糖类的反应也存在较大的差异,因此要具体问题具体分析,结合不同运动员的实际情况合理的调整。对于一般大学生的体育运动锻炼来说也是如此,让大学生通过饮用不同类型的、不同浓度的饮料来补充糖分,以维持机体参与运动锻炼的需要。

(三)脂肪

脂肪也是一种人体参与运动的重要的能源,对机体机能的发展具有重要的意义。大量的研究与实践充分表明,大学生坚持长期参加体育锻炼能有效增加机体对脂肪的氧化利用能力,能在一定程度上节约人体内的糖原和蛋白质,从而提升人体机能,保证身体健康发展。

(四)蛋白质

一般来说,蛋白质的供应量与人体运动能力之间有着极为密切的关系(见图5-2)。如大学生在参加体育锻炼的过程中,耐力性运动能使蛋白质分解加强,合成速度减慢,机体尿氮和汗氮排出量增加。而力量性运动还能使活动肌群蛋白质的合成增加,促使人体肌肉逐渐壮大。

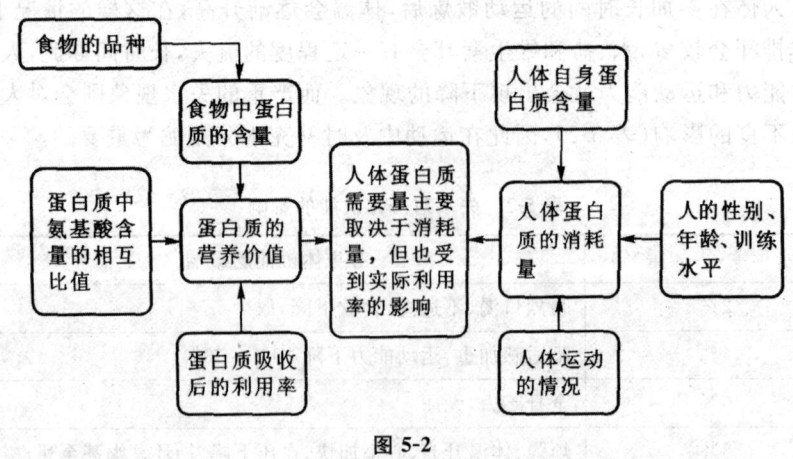

图 5-2

大学生参加各种各样的体育锻炼离不开蛋白质的参与,必须要补充充足的蛋白质,这样才能为顺利地参加体育运动锻炼提供良好的物质基础。但需要注意的是,蛋白质的补充要合理,不能过多也不能过少。摄入过多的蛋白质会给人的肝肾带来一定的负担,因此一定要结合自身情况合理补充蛋白质,不要过量补充。

(五)维生素

维生素是人体所必需的微量元素,如果缺乏维生素,人体就会出现各种各样的问题。因此在平时应注意维生素的补充。尤其是在参加体育运动锻炼的过程中,由于机体的物质代谢得到加强,因此对维生素的需要量也会随之增加,所以及时补充维生素是非常重要的,这样能保证机体的正常运转,为顺利参加体育锻炼提供必要的保障。

相关研究与实践表明,如果人体缺乏维生素,就容易使人体运动能力降低,不利于运动锻炼的顺利进行。缺乏维生素后,运动者通常会感到倦怠、无力,出现头晕、便秘和疲劳等症状。因此,在日常生活中要注意维生素的补充,但需要注意的是,维生素属于微量元素,也不要过量补充。

(六)矿物质

人体所需的矿物质非常多,矿物质的种类也是非常多样的,受篇幅所限,这里重点分析人体在运动过程中钙、铁、锌三种主要矿物质的代谢变化情况。

1.钙的消耗与补充

人们在参加体育锻炼的过程中,尤其是长时间或大运动量的锻炼,通常会出现大量的出汗现象,这就会导致钙流失。因此,及时合理地补充钙对于人体保持运动能力是非常重要的。如果钙缺乏就会引起肌肉抽搐,长时间如此就会导致骨密度降低。因此一定要注意钙的补充。

2.铁的消耗与补充

大量的研究与实践证明,人体在长期的运动锻炼中会使组织内储存的铁的含量明显下降,从而导致机体对铁的吸收率降低。在运动锻炼的过程中,人体汗液的流失也会导致铁元素的流失。此外,长时间的运动锻炼还在一定程度上对红细胞造成破坏。因此,及时地补充铁元素是非常重要的,尤其是参加大运动量的体育锻炼更是需要大量的补充铁元素。

3. 锌的消耗与补充

据研究发现，人体在参加大强度的无氧运动时，人体锌含量会呈现逐渐升高的趋势；而长时间的有氧运动则会促使人体锌含量逐渐下降。这是锌元素在人体不同运动中的具体表现。大学生在参加运动锻炼时要明白其中的原理和规律，合理补充锌元素，以维持机体的需要。

二、营养膳食的基本要求

（一）食物多样，谷类为主，粗细搭配

食物的种类有很多，并且每一种都有不同的营养成分，每一种食物的营养成分也都有主次，因此我们要平衡膳食，以达到合理营养的目的。

在我国传统饮食中，谷类食物占据着人们日常主食的大部分。如面、米、杂粮等能为人体提供足量的蛋白质、糖类、B族维生素和膳食纤维等。在食用的过程中，人们要注意粗细的搭配，常吃一些杂粮、粗粮和全谷类食物，以维持营养均衡。

（二）多吃蔬菜水果和薯类

在平时的饮食中，多吃新鲜蔬菜和水果是非常重要的。因为蔬菜水果中含有丰富的人体所需的矿物质、维生素、膳食纤维等，具有较大的营养价值。尤其是对于处于青春期的学生而言每天吃足量的水果和蔬菜是非常重要的。

薯类具有丰富的膳食纤维、矿物质和维生素，经常食用薯类能很好地保持身体健康，维持肠道正常功能，提高人体免疫力，能有效降低冠心病、肥胖症等慢性疾病的发生率。

（三）每天吃奶类、大豆或其制品

奶类的营养成分比较大，含有丰富的钙、蛋白和维生素，是合理膳食中钙质的最佳来源，因此每天摄取足量的牛奶是非常必要的。总的来说，各个年龄段的人群都应适当饮用奶类，这有利于骨骼健康。患有高脂血症的人群要选择低脂奶，而患有肥胖症的人群则可以选择脱脂奶。因此，不同体质的大学生应结合自身情况合理选择奶类。

大豆中含有丰富的蛋白质、维生素、脂肪酸和膳食纤维等，因此适当食用一些豆制品对于人体健康的维护也是非常有意义的。

第五章 大学生体质健康管理的保障体系

(四)常吃适量的鱼、禽、蛋和瘦畜肉

鱼、禽、蛋和瘦畜肉是人类摄取优质蛋白质、脂类、脂溶性维生素、B族维生素和矿物质的良好来源,这些元素对于人体健康的维持具有重要的意义,因此一定要注意平衡膳食,注意以上物质的补充。

我国大部分人摄入的动物性食物较多,如猪肉、牛肉等,为实现均衡饮食的目的,应当多吃一些禽肉和鱼肉,但也有一些地区存在摄入动物性食物量较少的情况,因此各个地区的人们要结合具体实际情况适当增加摄入量较少的食物种类。需要注意的是,摄入的量要合理,不能过多或过少。

(五)减少烹调油,吃清淡少盐膳食

脂肪能为人体提供必需的脂肪酸,有利于脂溶性维生素的消化和吸收。因此要注意脂肪的摄入,但需要注意的是,脂肪摄入量要适当,不能过多,否则就容易引起肥胖症、高脂血症等多种疾病。相关调查与研究表明,我国有很多人存在着食用油和食盐摄入过多的现象,这一情况需要引起重视。因此,我国居民要养成吃清淡少盐膳食的良好习惯,不要摄食过多的动物性食物和油炸、腌制等食物,形成良好的生活方式和营养习惯。

(六)食不过量,天天运动,保持健康体重

食物中含有大量的能量,人体在摄入能量后,在运动的过程中会消耗大量的能量,因此摄入的能量一定要充足。但是,也不要进食过量,否则多余的能量会以脂肪的形式存储下来而增加体重,长此以往,就容易导致肥胖症。所以大学生在参加体育运动锻炼时,要学会控制进食量,改变不良的生活方式,坚持长期参加运动,养成良好的饮食习惯和运动习惯。

(七)三餐分配要合理,零食要适当

对于处于青春期的大学生而言,要学会合理安排一日三餐,要定时定量地进餐,养成良好的饮食习惯。通常来说,早餐应安排在 6:30～8:30,午餐在 11:30～13:30,晚餐在 18:00～20:00 进行。另外,两餐的间隔时间应以 4～6 小时为宜。一日三餐的搭配比例为:早餐占全天总热能的 25%～30%,午餐占 40%,晚餐占 30%～35%。早餐要保证有营养,午餐要吃好,晚餐要适量,不要吃得过饱。除此之外,大学生也不要暴饮暴食,合理地选择零食,以补充日常和运动体能所需。充分贯彻与遵循以上这些原则对于人体健康发展具有重要的意义和作用。

（八）每天足量饮水，合理选择饮料

水是一切生命必需的物质，对于人体生命活动具有重要的意义。大学生在参加运动锻炼的过程中，要学会合理的补水，合理补水能保持人体水分的平衡，维持机体的健康。尤其是运动者在大量出汗时，应及时补充水分，一般情况下，应每隔30分钟补液150～250毫升，避免出现低血糖的现象，否则就会影响体育运动锻炼的顺利进行。

除此之外，大学生还要学会合理地选择各种饮料。一般来说，乳饮料和纯果汁饮料可以作为膳食的补充。富含矿物质和维生素的饮料可以在热天户外活动和运动后饮用。但是饮料不能代替水，这一点要切记。

（九）适量饮酒

无节制的饮酒会导致人的食欲下降，长期如此会发生多种营养素缺乏、急慢性酒精中毒等现象，更有甚者会导致患高血压、卒中等疾病，对个人健康和社会安定都是不利的，因此大学生一定要适量饮酒。

（十）吃新鲜卫生的食物

对于正处于青春期的大学生而言，要多吃新鲜卫生的食物，要尽量避免吸收对人体有害的物质。要从正规渠道采购食物，同时采购的食物要进行必要的储藏，以保持其新鲜，避免受到污染。另外，还要注意烹调加工过程，在烹调的时候要注意保持良好的个人卫生以及食物加工环境和用具的洁净，避免食物烹调时的交叉污染。

三、运动健身与营养的要求

（一）合理膳食营养的基本原则

1. 健身锻炼中合理膳食营养的必要性

大学生在参加体育运动锻炼的过程中，合理的营养补充至关重要。如果营养缺乏，消耗得不到补充，机体就会处于一种亏损状态。久而久之，就不利于身体健康，甚至出现疾病的状态。因此，大学生在日常生活中保持合理的膳食营养是非常重要的，这有利于运动锻炼的进行以及运动结束后的体能恢复。

2.健身锻炼中合理膳食营养的基本原则

（1）保证三大宏量营养素的合理比例：即糖类占总能量的60％～70％、蛋白质占10％～15％、脂肪占20％～25％。合理地控制食糖及其制品的摄入。以植物油为主，减少动物性脂肪的摄入。维生素要按供给量标准配膳，有特殊需要者另外增加。

（2）在平时的生活与锻炼中，要注意饮食的合理搭配，一日三餐要讲究多样化，这样能有效促进食物的消化和吸收，被人体所充分利用。

（3）在平时的生活中，大学生所摄取的食物不要单一，要注意合理地组合搭配。动物性食物与植物性食物相混合是一种良好的搭配方式，大学生参加体育锻炼时尤其要注意这一点。

（二）健身锻炼中膳食营养的需求

1.对热源营养素有特殊需求

对于常参加运动锻炼的大学生而言，应以谷类和动物性食物为主，这两类食物的热量最高。一般来说，糖类的来源是粗粮、水果、蚕豆、小扁豆、坚果以及植物种子。因此，大学生可以在食用水果时搭配一些坚果，这样能获得良好的营养需求。

2.蛋白质的补充

一般情况下，当人体在加大运动量、生长发育期和减轻体重期如出现热能及其他营养水平下降等情况时，应增加蛋白质的补充量，而且应补充优质蛋白。在补充蛋白质的同时，也必须补充适量的蔬菜、水果等碱性食物，这些食物能有效防止人体产生疲劳感，有利于运动锻炼的顺利进行。

3.无机盐的需要量

大学生在进行大运动量的锻炼后，应当注意无机盐不足引起的无力和运动能力下降等表现。一般来说，经常参加体育锻炼的大学生每天每人食盐需要量为6～10克，钙为1 000～1 200毫克，铁为20～25毫克。

4.维生素的补充

大量的研究与实践表明，经常参加体育锻炼的人在高强度的运动后最好服用适量的维生素E补充剂或富含维生素E的食品。这一类食物具有减轻肌肉酸痛、消除疲劳等作用，非常有利于体育锻炼的顺利进行。

5.水分的补充

大学生在参加体育锻炼的过程中会消耗一定的能量,同时会出现出汗现象,为维持机体的热平衡,就需要及时补充水分。如果不及时补充水分,就容易发生脱水现象,进而造成心血管负担,不利于运动锻炼的顺利进行。因此在运动中及时补水是非常重要的,大学生要充分认识到这一点。

(三)健身锻炼中合理膳食营养的总体安排

1.能量食物的数量和质量应满足健身运动需求

在主食的选择上,米、面、馒头等都能满足人体能量的需要,要注意主食多样性的搭配。在参加运动锻炼的过程中,先不要食用葡萄糖、糖果以及肉类等。食用过多的肉类不仅不会给人体提供高能量,甚至还会带来过多的脂肪,长此以往会导致高脂血症、冠心病等疾病的发生。因此,对于热爱健身的大学生而言,平时应注意多食牛奶和豆制品,吃各种蔬菜和水果,以补充人体所需的多种维生素和能量。

2.食物应当营养平衡和多样化

酸性食物或碱性食物是指食物经过消化吸收和代谢后产生的阳离子或阴离子占优势的食物。因此,我们不能从食物的味道来区分酸性或碱性食物。

通常来说,大学生在参加体育运动锻炼后,不宜大量食用大鱼大肉等酸性食物,以免造成酸碱失调现象。在运动后食用酸性食物,会致使人的体液更加酸性化,不利于身体机能的恢复。大学生在运动锻炼后应食一些蔬菜和豆制品等碱性食品,以保持人体内的酸碱平衡,这样有利于人体疲劳的恢复,维护机体的营养平衡。

3.养成合理的饮食习惯

对于参加运动锻炼的大学生而言,在运动前30分钟应食用少量食物,以补充能量,维持机体运动的需要。进食后30分钟之内不要参加任何体育活动。在早晨参加运动锻炼时,食用的食物最好是奶制品、谷类食品等,避免食用人体难以消化和吸收的食物。

第四节　伤病处理

在参与体育运动锻炼的过程中,或因为准备活动不足,或因为锻炼方式不当等因素,容易导致一定的运动伤病,因此一定要掌握伤病处理的方法,在发生运动伤病时及时采取合理的手段与方法救治。

一、常见运动损伤的处理

(一) 擦伤

1. 原因与症状

擦伤是指肌体表面与粗糙的物体相互摩擦而引起的皮肤表层的损害。大学生在参加各种运动锻炼时,如果不注意锻炼的环境就容易导致擦伤的发生。擦伤的症状主要有皮肤出血或者有组织液渗出。一般情况下,擦伤都不是很严重,稍加重视,做一些必要的处理后即可继续参加运动锻炼。

2. 处理

(1)一般情况下,症状较轻的擦伤可以用生理盐水或者其他药水冲洗伤部,一般不需要做包扎,一周左右就可以痊愈。

(2)如果出现较大面积的擦伤,如果不注意就容易导致伤口受污染,因此需要对伤口消毒,在伤口表面用生理盐水棉球轻轻刷洗,消除异物,然后撒上云南白药或者纯三七粉,盖上凡士林纱布,适当包扎。

(3)如果运动者的关节周围发生擦伤现象,在进行适当的清洗和消毒后,最好用磺胺软膏或青霉素软膏等涂敷,以避免反复受感染。

(二) 拉伤

1. 原因与症状

拉伤指肌肉受到强烈牵拉所引起的肌肉微细损伤、部分撕裂或者完全断裂。大学生在参加体育运动锻炼的过程中,受运动不当等因素的影响,大腿后群肌肉和小腿后群肌肉容易出现拉伤现象,因此要引起重视。

拉伤的症状主要有局部疼痛、肿胀、肌肉痉挛和各种功能障碍等，更有甚者会出现肌肉断裂的情况，相关关节丧失运动能力。

2. 处理

(1) 轻微拉伤，采用氯乙烷镇痛喷雾剂等进行局部冷敷，加压包扎，并按摩患肢的肌肉以减轻患者的疼痛感。

(2) 症状较轻的患者可采用针刺的疗法。

(3) 严重拉伤者应在局部加压包扎，固定患肢后，及时送医院诊治。

(三) 撕裂伤

1. 原因与症状

撕裂伤指受物体打击而引起的皮肤和皮上组织均出现规则或者不规则的裂口。如大学生在参加足球运动的过程中，在争抢头球时如果发生碰撞就容易导致眉际的撕裂伤。这一伤病我们在观看足球比赛时，运动员就常出现这一现象。

撕裂伤一般有开放伤和闭合伤两种。开放伤的症状为受伤部位出血、肿胀。闭合伤出现凹陷感和剧烈疼痛等症状。大学生在参加剧烈的体育运动锻炼时要注意避免这一伤病。

2. 处理

(1) 症状较轻者可以先用碘酒或者酒精消毒，然后用云南白药或者其他药物和方法止血，再用消毒纱布覆盖，并适当加压包扎。

(2) 如果无法制止出血，要在伤口附近缚以止血带，并立即送医院治疗。

(3) 严重撕裂伤者，稍做处理后应立即送往医院诊治。

(四) 挫伤

1. 原因与症状

挫伤是指肌体某部受钝性外力作用，导致该处及其深部组织的闭合性损伤。该运动损伤大多发生于大腿的肱四头肌和小腿前部的骨膜等部位，除此之外，在运动锻炼的过程中，腹部、上肢、头部等部位也容易发生挫伤。主要症状为疼痛、肿胀、皮下出血等。

2. 处理

(1) 伤后做简单的局部冷敷,可以外敷伤药并做简单的加压包扎。

(2) 当出现部分肌纤维损伤或者断裂时,应将患者肢体包扎固定,迅速送往医院进行治疗。

(3) 有时严重的挫伤可能会导致休克,发生休克时应帮助患者平卧休息,并及时做止痛、止血处理,严重者要立即送往医院诊治。

(五) 关节、韧带扭伤

1. 肩关节扭伤

(1) 原因与症状

肩关节扭伤通常是由于肩关节用力过猛、反复劳损或者技术错误所造成的。运动者发生肩关节扭伤后会伴有一定的压痛和疼痛感,肩关节活动会受到一定的限制。

(2) 处理

①损伤较轻者可以采用冷敷和加压包扎的方法处理。在做简单处理后的 24 小时可进行一定的按摩和理疗。

②出现韧带断裂时要立即送医院治疗。

③当症状及疼痛稍微减轻后,可适当进行一定的功能性锻炼。

2. 急性腰伤

(1) 原因与症状

在参加体育运动锻炼的过程中,如果身体重心不稳或身体协调性不够就容易引起腰部扭伤。扭伤时会伴随疼痛,有时可能会出现腰部肌肉痉挛,这时不宜继续参加运动。

(2) 处理

①帮助患者平卧,做简单处理。

②如果疼痛剧烈要用担架送往医院进行诊治。

③患者卧床后可以在其腰后垫一枕头,促使其肌肉韧带得到放松。

④可以对患者做一定的按摩和针灸治疗。

3. 踝关节扭伤

(1) 原因与症状

在运动的过程中,踝关节过度内翻或者外翻而引起的损伤就是踝关节扭伤。踝关节扭伤的症状为肿胀、疼痛、韧带损伤处有明显压痛、皮下淤血等。

(2)处理

①在发生踝关节扭伤时,立即做冷敷处理,然后做简单的包扎固定。

②简单处理的 24 小时后,必要时可进行封闭治疗。

③损伤严重者,可以采用石膏固定。

4.指间关节扭伤

(1)原因与症状

由于手指受到侧方的外力冲击而造成指关节扭伤。大学生在参加篮球、排球等球类运动锻炼时,由于动作不当常会发生此类运动损伤。其症状为关节肿胀、疼痛,身体活动受到一定的限制。

(2)处理

①症状较轻的患者,可以冷敷或者轻度拔伸牵引,轻捏数次,然后用粘膏、胶布等将受伤指和靠近的健康指相固定,第三天开始练习主动屈伸活动,外擦舒活酒或者红花油。

②如果发生了关节脱位现象,要立即送往医院进行诊治。

(六)骨折

1.原因与症状

运动者在运动过程中,身体某个部位受暴力撞击时容易发生骨折现象。骨折一般分为不完全性骨折和完全性骨折两种。其症状主要有伤病部位肿胀,有剧烈疼痛感,肌肉出现痉挛现象,骨折部位会听到骨摩擦声。骨折严重者甚至可能发生休克现象。

2.处理

(1)发生骨折后,最好不要移动患者的伤肢,以免增加患者的疼痛感,另外还要尽快固定伤肢,以避免更大的损伤。

(2)发生开放性骨折的患者,可以采用止血带法和压迫法两种处理方法,在做简单的处理后及时送往医院治疗。

(3)当发生休克和大出血等症状时,医务人员或者有经验的人应立即抢救休克和止血,并使其平卧保暖,采取简单的止休克措施后及时送往医院救治。

(4)在固定患者四肢时要观察肢端是否出现麻木、发冷、疼痛等现象,如果出现这些情况说明包扎过紧,需要做适当的调整放松。

二、常见运动疾病的处理

(一)运动性贫血

大学生在参加运动锻炼的过程中由于生理负担持续加重,造成血液中红细胞数量和血红蛋白量低于正常值,这就是运动性贫血。

一般来说,运动性贫血主要发生在运动者运动负荷徒增、训练方式突然改变的情况下。我们不能将病理性贫血和运动性贫血相混淆,要正确区分二者的含义。

1. 临床表现

(1)症状较轻的患者一般没有明显的不适感。

(2)中度和重度的患者容易出现倦怠,记忆力减退,注意力不集中等现象,继续运动会出现心跳加快、心悸等症状。

2. 处理

(1)症状较轻的患者,只要调整运动量,适当增加营养即可。平时注意饮食,多食用绿色蔬菜、水果、瘦肉和蛋类等。

(2)当出现中度运动性贫血后,停止大运动量训练,待人体血红蛋白好转后,再逐渐恢复至以前的训练强度,但需要注意的是,训练强度不宜过大。

(二)运动性晕厥

运动性晕厥是指在运动中或运动后因为一时性脑血不足或脑血管痉挛所导致的突发性、短暂性意识丧失、肌张力消失并伴跌倒的现象。

长时间地参加体育运动锻炼,容易发生运动性晕厥的现象,如长距离跑、马拉松等,尤其对于体质较差的运动者来说更是如此。运动者在发生运动性晕厥时容易摔倒,因此要做好必要的保护措施。

1. 临床表现

(1)发生运动性晕厥时会出现心悸、胸闷、头晕、恶心、耳鸣等症状。

(2)在一定时间内会丧失意志。

(3)手足冰凉,脉搏微弱,血压降低,有一部分患者会出现肢体抽搐的现象。

(4)头痛头晕,浑身乏力,出现明显的情绪紧张现象。

2. 处理

(1) 出现晕厥现象时,要及时扶住患者防止出现摔倒状况。
(2) 解开衣服,松开裤腰带,使患者仰卧或侧卧,并抬高下肢。
(3) 患者呕吐时将其头部转向侧面,防止发生呼吸道阻塞状况。
(4) 在患者清醒后,可以喝适量的热水或热饮以补充能量。
(5) 患者要多休息,短时间内不宜参加运动。

(三) 运动性腹痛

运动性腹痛是指在运动过程中发生的急性腹痛,田径运动、跆拳道、自行车、篮球等项目中容易发生运动性腹痛的现象。

1. 临床表现

一般来说,运动性腹痛可根据疼痛程度、疼痛区域来判断发生的原因。运动性腹痛通常以局部不适为主,同时还有一定的头晕、呕吐、腹泻等症状。

如果腹痛比较强烈,用手轻轻按住腹部感到压痛,就要考虑相关脏器是否患有疾病,严重者甚至会发生休克,因此要引起重视。

2. 处理

(1) 大学生在发生轻微疼痛时,可用拇指按住疼痛部位,适当降低运动强度,调整呼吸,片刻后腹痛即可缓解。
(2) 如果大学生是因为外部因素而导致的腹部疼痛,这时就要用手反复按摩疼痛部位,使疼痛得到缓解,但是如果疼痛剧烈就要立即停止运动。

(四) 肌肉痉挛

肌肉痉挛是指肌肉出现不自主的强直性收缩的状况。长时间、大运动量的体育锻炼后容易发生肌肉痉挛现象。

1. 临床表现

人体的小腿屈肌群容易出现痉挛现象。发生肌肉痉挛后,人体局部肌肉僵直硬挺,肢体难以伸缩,且伴有一定的疼痛感。

2. 处理

发生肌肉痉挛后,通常是将抽筋的部分向相反的方向缓慢拉伸并维持数秒即可,需要注意的是,拉伸动作不要过猛。待肌肉感觉缓和后充分休息,饮用含糖热饮。

第六章 大学生体质健康管理的评价体系

大学生体质健康管理的实施与开展,不仅需要按照要求运行,需要一定的保障,评价体系也是必不可少的重要方面,因为评价的结果,能够对大学生体质健康管理的进一步发展和完善提供必要的参照依据。大学生体质健康管理的评价体系所涉及的内容广泛,这就需要对大学生体质健康标准以及大学生生理、心理和社会适应能力方面的健康评价进行分析和阐述,由此,来对该评价体系有一个全面的了解与认识。

第一节 《国家学生体质健康标准》

一、《国家学生体质健康标准》测试项目

大学生体质健康标准的测试项目见表6-1。

表6-1 《国家学生体质健康标准》大学生测试项目

测试对象	单项指标	权重(%)
大学各年级	体重指数(BMI)	15
	肺活量	15
	50米跑	20
	坐位体前屈	10
	立定跳远	10
	引体向上(男)/1分钟仰卧起坐(女)	10
	1 000米跑(男)/800米跑(女)	20

注:体重指数(BMI)=体重(千克)/身高^2(米^2)。

二、《国家学生体质健康标准》评分标准

(一) 单项指标评分表

表6-2 大学男生体重指数(BMI)单项评分表(单位:千克/米²)

等级	单项得分	体重指数
正常	100	17.9~23.9
低体重	80	≤17.8
超重		24.0~27.9
肥胖	60	≥28.0

表6-3 大学女生体重指数(BMI)单项评分表(单位:千克/米²)

等级	单项得分	体重指数
正常	100	17.2~23.9
低体重	80	≤17.1
超重		24.0~27.9
肥胖	60	≥28.0

表6-4 大学男生其他单项指标评分表

等级	单项得分	肺活量(毫升)		50米跑(秒)		坐位体前屈(厘米)		立定跳远(厘米)		引体向上(次)		1 000米跑(分·秒)	
		大一大二	大三大四	大一大二	大三大四	大一大二	大三大四	大一大二	大三大四	大一大二	大三大四	大一大二	大三大四
优秀	100	5 040	5 140	6.7	6.6	24.9	25.1	273	275	19	20	3'17"	3'15"
	95	4 920	5 020	6.8	6.7	23.1	23.3	268	270	18	19	3'22"	3'20"
	90	4 800	4 900	6.9	6.8	21.3	21.5	263	265	17	18	3'27"	3'25"

第六章 大学生体质健康管理的评价体系

续表

等级	单项得分	肺活量（毫升）		50米跑（秒）		坐位体前屈（厘米）		立定跳远（厘米）		引体向上（次）		1 000米跑（分·秒）	
		大一大二	大三大四	大一大二	大三大四	大一大二	大三大四	大一大二	大三大四	大一大二	大三大四	大一大二	大三大四
良好	85	4 550	4 650	7.0	6.9	19.5	19.9	256	258	16	17	3'34"	3'32"
	80	4 300	4 400	7.1	7.0	17.7	18.2	248	250	15	16	3'42"	3'40"
及格	78	4 180	4 280	7.3	7.2	16.3	16.8	244	246			3'47"	3'45"
	76	4 060	4 160	7.5	7.4	14.9	15.4	240	242	14	15	3'52"	3'50"
	74	3 940	4 040	7.7	7.6	13.5	14.0	236	238			3'57"	3'55"
	72	3 820	3 920	7.9	7.8	12.1	12.6	232	234	13	14	4'02"	4'00"
	70	3 700	3 800	8.1	8.0	10.7	11.2	228	230			4'07"	4'05"
	68	3 580	3 680	8.3	8.2	9.3	9.8	224	226	12	13	4'12"	4'10"
	66	3 460	3 560	8.5	8.4	7.9	8.4	220	222			4'17"	4'15"
	64	3 340	3 440	8.7	8.6	6.5	7.0	216	218	11	12	4'22"	4'20"
	62	3 220	3 320	8.9	8.8	5.1	5.6	212	214			4'27"	4'25"
	60	3 100	3 200	9.1	9.0	3.7	4.2	208	210	10	11	4'32"	4'30"
不及格	50	2 940	3 030	9.3	9.2	2.7	3.2	203	205	9	10	4'52"	4'50"
	40	2 780	2 860	9.5	9.4	1.7	2.2	198	200	8	9	5'12"	5'10"
	30	2 620	2 690	9.7	9.6	0.7	1.2	193	195	7	8	5'32"	5'30"
	20	2 460	2 520	9.9	9.8	−0.3	0.2	188	190	6	7	5'52"	5'50"
	10	2 300	2 350	10.1	10.0	−1.3	−0.8	183	185	5	6	6'12"	6'10"

表 6-5 大学女生其他单项指标评分表

等级	单项得分	肺活量（毫升）		50米跑（秒）		坐位体前屈（厘米）		立定跳远（厘米）		一分钟仰卧起坐（次）		800米跑（分·秒）	
		大一大二	大三大四	大一大二	大三大四	大一大二	大三大四	大一大二	大三大四	大一大二	大三大四	大一大二	大三大四
优秀	100	3 400	3 450	7.5	7.4	25.8	26.3	207	208	56	57	3'18"	3'16"
	95	3 350	3 400	7.6	7.5	24.0	24.4	201	202	54	55	3'24"	3'22"
	90	3 300	3 350	7.7	7.6	22.2	22.4	195	196	52	53	3'30"	3'28"
良好	85	3 150	3 200	8.0	7.9	20.6	21.0	188	189	49	50	3'37"	3'35"
	80	3 000	3 050	8.3	8.2	19.0	19.5	181	182	46	47	3'44"	3'42"
及格	78	2 900	2 950	8.5	8.4	17.7	18.2	178	179	44	45	3'49"	3'47"
	76	2 800	2 850	8.7	8.6	16.4	16.9	175	176	42	43	3'54"	3'52"
	74	2 700	2 750	8.9	8.8	15.1	15.6	172	173	40	41	3'59"	3'57"
	72	2 600	2 650	9.1	9.0	13.8	14.3	169	170	38	39	4'04"	4'02"
	70	2 500	2 550	9.3	9.2	12.5	13.0	166	167	36	37	4'09"	4'07"
	68	2 400	2 450	9.5	9.4	11.2	11.7	163	164	34	35	4'14"	4'12"
	66	2 300	2 350	9.7	9.6	9.9	10.4	160	161	32	33	4'19"	4'17"
	64	2 200	2 250	9.9	9.8	8.6	9.1	157	158	30	31	4'24"	4'22"
	62	2 100	2 150	10.1	10.0	7.3	7.8	154	155	28	29	4'29"	4'27"
	60	2 000	2 050	10.3	10.2	6.0	6.5	151	152	26	27	4'34"	4'32"
不及格	50	1 960	2 010	10.5	10.4	5.2	5.7	146	147	24	25	4'44"	4'42"
	40	1 920	1 970	10.7	10.6	4.4	4.9	141	142	22	23	4'54"	4'52"
	30	1 880	1 930	10.9	10.8	3.6	4.1	136	137	20	21	5'04"	5'02"
	20	1 840	1 890	11.1	11.0	2.8	3.3	131	132	18	19	5'14"	5'12"
	10	1 800	1 850	11.3	11.2	2.0	2.5	126	127	16	17	5'24"	5'22"

第六章 大学生体质健康管理的评价体系

(二)加分指标评分表

表6-6 大学男生加分指标评分表

加分	引体向上(次)		1 000米跑(分·秒)	
	大一大二	大三大四	大一大二	大三大四
10	10	10	−35″	−35″
9	9	9	−32″	−32″
8	8	8	−29″	−29″
7	7	7	−26″	−26″
6	6	6	−23″	−23″
5	5	5	−20″	−20″
4	4	4	−16″	−16″
3	3	3	−12″	−12″
2	2	2	−8″	−8″
1	1	1	−4″	−4″

注:引体向上为高优指标,学生成绩超过单项评分100分后,以超过的次数所对应的分数进行加分。1 000米跑为低优指标,学生成绩低于单项评分100分后,以减少的秒数所对应的分数进行加分。

表6-7 大学女生加分指标评分表

加分	一分钟仰卧起坐(次)		800米跑(分·秒)	
	大一大二	大三大四	大一大二	大三大四
10	13	13	−50″	−50″
9	12	12	−45″	−45″
8	11	11	−40″	−40″
7	10	10	−35″	−35″
6	9	9	−30″	−30″
5	8	8	−25″	−25″
4	7	7	−20″	−20″
3	6	6	−15″	−15″
2	4	4	−10″	−10″
1	2	2	−5″	−5″

注:一分钟仰卧起坐为高优指标,学生成绩超过单项评分100分后,以超过的次数所对应的分数进行加分。800米跑为低优指标,学生成绩低于单项评分100分后,以减少的秒数所对应的分数进行加分。

（三）附表

表 6-8　《国家学生体质健康标准》登记卡（大学样表）

学校 _____

姓　名			性　别				学　号					
院（系）			民　族				出生日期					

单项指标	大一			大二			大三			大四			毕业成绩	
	成绩	得分	等级	成绩	得分	等级	成绩	得分	等级	成绩	得分	等级	得分	等级
体重指数（BMI）（千克/米²）														
肺活量（毫升）														
50 米跑（秒）														
坐位体前屈（厘米）														
立定跳远（厘米）														
引体向上（男）/1 分钟仰卧起坐（女）（次）														
1 000 米跑（男）/800 米跑（女）（分·秒）														
标准分														
加分指标														
引体向上（男）/1 分钟仰卧起坐（女）（次）														
1 000 米跑（男）/800 米跑（女）（分·秒）														
学年总分														
等级评定														
体育教师签字														
辅导员签字														

注：高等职业学校、高等专科学校参照本样表执行。

学校签章：

年　　月　　日

表 6-9 免予执行《国家学生体质健康标准》申请表(样表)

姓 名		性 别		学 号	
班 级/院(系)		民 族		出生日期	
原因					
体育教师签字			家长签字		
学校体育部门意见					

(原因栏右下)申请人：
年　月　日

(学校体育部门意见栏右下)学校签章：
年　月　日

注：中等职业学校及普通高等学校的学生，"家长签字"由学生本人签字。

第二节 大学生生理健康的评价

大学生生理健康的评价,主要从其人体形态、身体机能和身体素质几个方面得到体现。

一、人体形态的测评

(一)克托莱指数

计算公式:体重(千克)/身高(厘米)×1 000。
大学生身体形态评价标准具体参考表6-10。

表6-10 克托莱指数评价表

性别	年龄(岁)	P_{10}	P_{25}	P_{50}	P_{75}	P_{90}	P_{97}
男	20~24	310.5	332.5	360.3	395.5	435.2	483.8
	25~29	320.3	343.5	375.4	415.7	455.9	499.0
	30~34	324.8	351.5	388.0	427.7	465.9	506.5
女	20~24	284.2	302.6	326.3	352.8	381.9	416.0
	25~29	288.2	308.5	332.7	362.1	395.6	434.5
	30~34	296.9	317.7	343.7	374.8	407.6	449.2

注:P_n表示百分位数统计,指有$n\%$的人低于此数,余同。

(二)身体质量指数

计算公式:体质指数(BMI)=体重(千克)/身高(米)的平方。
BMI有四个级别划分标准,作为衡量人体整体肥胖程度的简便指标在国际上广泛应用,我国对BMI的界限具体如表6-11所示。

表6-11 BMI组别划分标准(成人)

组别	BMI标准
轻	BMI<18.5
正常	18.5≤BMI<24.0
超重	24.0≤BMI<28.0
肥胖	BMI≥28.0

大学生 BMI 评价标准参考表 6-12。

表 6-12　BMI 评价表

性别	年龄(岁)	P_{10}	P_{25}	P_{50}	P_{75}	P_{90}	P_{97}
男	20～24	18.5	19.7	21.3	23.2	25.5	28.1
	25～29	19.1	20.4	22.2	24.4	26.7	29.0
	30～34	19.5	20.9	23.0	25.2	27.3	29.5
女	20～24	18.0	19.1	20.6	22.2	24.0	26.1
	25～29	18.4	19.6	21.1	22.8	24.8	27.4
	30～34	18.9	20.2	21.7	23.6	25.7	28.2

(三) 胸围指数

计算公式:胸围/身高×100。计量单位:厘米。

大学生胸围指数评价标准具体参考表 6-13。

表 6-13　胸围指数评价表

性别	年龄(岁)	P_{10}	P_{25}	P_{50}	P_{75}	P_{90}	P_{97}
男	20～24	45.8	47.7	49.9	52.4	55.0	58.2
	25～29	46.9	48.8	51.1	53.7	56.3	59.0
	30～34	47.7	49.9	52.3	54.9	57.5	60.1
女	20～24	46.8	48.8	51.2	53.6	56.2	59.4
	25～29	47.5	49.5	51.9	54.5	57.3	60.7
	30～34	48.1	50.3	52.7	55.4	58.5	61.9

二、身体机能的测评

(一) 循环机能测评

1. 一次负荷试验

(1) 30 秒 20 次蹲起

30 秒 20 次蹲起测试所用到的仪器有:脉搏器(也可手测);1 块秒表。

测试方法:被测试者静坐 10 分钟,对其安静时心率和血压进行测量,然后令其30秒匀速蹲起20次。蹲起20次结束后,立即测10秒的脉搏,紧接着在50秒内测血压,如此连续测3分钟。

评价:心血管机能良好的标准为:负荷后脉搏上升不明显,血压中等升高,3分钟内血压、脉率基本恢复到安静时水平;心血管机能较差的标准为:负荷后脉搏上升明显,血压上升不明显或明显,3分钟内脉搏和血压的恢复程度还没有达到安静时水平。

(2)原地15秒快跑

原地15秒快跑用到的仪器主要有血压计和秒表。

测试方法:首先,要对被测试者处于安静状态下的脉搏和血压进行测量,然后令其以100米赛跑的速度原地跑15秒后,立即测10秒的脉搏,紧接着在50秒内测量血压。连续测试的时间为4分钟。

评价:一般可以将测定的结果分为五种类型,即正常反应、紧张性增高反应、梯形反应、紧张性不全反应和无力性反应。具体要根据负荷后心率和血压升降幅度及其恢复时间来进行判定。

2.联合机能试验

联合机能试验用到的仪器主要有血压计、心率检测器、秒表这三种。

测试方法:先按一次负荷试验的方法,对被测试者安静时的心率和血压进行测量,接着按顺序做三个一次负荷试验。具体的试验方法如下。

(1)原地慢跑3分钟(男)或2分钟(女),速度控制在每分钟180步左右为宜。跑后,对其5分钟恢复期心率和血压进行测量。

(2)30秒20次蹲起做完后,对其恢复期的心率和血压进行测量,测量的时间为3分钟。

(3)15秒原地快跑,要求按照百米赛跑的速度进行,跑后,对其恢复期心率和血压进行测量,测量的时间为4分钟。

评价:与15秒快跑一次负荷试验的五种反应类型相同。

(二)呼吸机能测评

1.肺活量测试

测试肺活量用到的仪器主要是肺活量计(0~10 000毫升)。

测试方法:被测试者面对肺活量计站立,先做一两次深呼吸,再吸一口气后将气尽量呼出,直到不能再呼气为止。总共要进行3次测量,取其中的最大值。

评价:测试者的呼吸技能与肺活量的大小成正比。

第六章 大学生体质健康管理的评价体系

2.5 次肺活量试验

5 次肺活量试验用到的仪器主要为肺活量计（0～10 000 毫升）。

测试方法：连续进行 5 次肺活量的测试，每次间隔的时间为 15 秒（包括吹气时间在内），对各次测试的结果进行准确记录。

评价：测试结束后，对测试结果进行统计，如果各次肺活量值基本相同或逐次增加，那么就表明被测试者有着良好的呼吸机能。如果 5 次结果所呈现出的是逐渐下降的趋势，尤其是最后两次的下降程度较大，那么就说明被测试者的机能是不良的。

3. 肺活量运动负荷试验

肺活量运动负荷试验所用到的仪器主要为肺活量计（0～10 000 毫升）。

测试方法：首先对被测试者安静状态下的肺活量进行测量，然后作定量负荷（如 30 秒 20 次蹲起、1 分钟台阶试验或 3 分钟原地高抬腿跑等），运动后立即测肺活量，每分钟一次，共测 5 次，然后将结果记录下来。

评价：被测试者技能良好的标准为：负荷后的 5 次肺活量结果逐渐增大或保持安静；被测试者机能不良的标准为运动后的 5 次结果逐渐下降，到第 5 分钟仍未恢复到负荷前水平。

4. 屏气试验

屏气试验用到的仪器主要为秒表。

测试方法：测试开始之前，先令被测试者保持安静休息的状态，自然呼吸，当听到"开始"的口令，被测试者做一次深吸气后立即屏气，同时开始用秒表计时，直至不能再屏气为止，将测试持续的时间记录下来。

评价：对缺氧的耐受能力和碱储备水平与屏气时间是呈正相关的关系。

5. 重复屏气试验

重复屏气试验用到的仪器主要为秒表。

测试方法：对被测试者进行 3 次屏气的测量，每次间隔时间为 45 秒。

评价：如果重复测量的屏气时间逐次延长，就说明呼吸循环系统的机能水平高。技能水平与延长时间是成正相关的关系。

（三）感觉机能测评

测试感觉机能用到的仪器主要为闭眼单脚站立测试仪。

测试方法：被测试者以优势单脚支撑，另一脚放在支撑腿膝部内侧，两手侧平举。被测试者非支撑腿离地的瞬间开始计时。被测试者平衡姿势的保持时间要尽可能长。如果被测试者非支撑脚触地，即刻停表。被测试者要对闭眼单脚站立维持平衡的时间进行计算。测试的次数为两次。

评价：取两次测试中的最佳值，记录测验成绩，具体评价标准参考表6-14。

表 6-14　闭眼单脚站立测验评价标准

（单位：秒）

性别	年龄(岁)	P_{10}	P_{25}	P_{50}	P_{75}	P_{90}	P_{97}
男	20～24	6.0	13.0	27.0	59.0	99.0	150.0
	25～29	5.0	11.0	24.0	49.0	86.0	143.0
	30～34	5.0	10.0	20.0	42.0	75.0	125.0
女	20～24	6.0	12.0	25.0	53.0	97.0	150.0
	25～29	5.0	10.0	22.0	46.0	84.4	148.0
	30～34	5.0	9.0	19.0	40.0	73.0	128.0

三、身体素质的测评

（一）力量素质测评

1. 握力测试

测试握力用到的仪器为握力计，具体要根据被测试者手掌的大小进行选择。

测试方法：被测试者选择好适宜的握力计后，用左（或右）手持握力计尽力抓握。测量次数为左、右手各两次。

评价：每次抓握后，对握力计指针读数（千克）进行记录。通常，数值越大，握力越强。

2. 屈膝仰卧起坐测试

测试屈膝仰卧起坐所用到的仪器主要为秒表。

测试方法：被测试者仰卧于铺放平坦的软垫上，两腿稍分开，屈膝成90°左右，两手手指交叉，抱头贴于脑后。同伴要将被测试者两侧踝关节处

第六章 大学生体质健康管理的评价体系

压住,使下肢得到很好的固定。被测试者仰卧时两肩胛必须触垫、起坐时两肘关节触及或超过双膝为完成一次。发出"开始"口令的同时测试人员开表计时,对一分钟内被测试者完成的次数进行记录。计数填入方格内。

评价:在规定时间内,被测试者完成仰卧起坐次数多者,就表明其具有良好的腰腹能力。

(二)速度素质测评

1.反应速度测评

测试反应速度所用到的仪器主要为电子测试仪。

测试方法:被测试者坐在电子测试仪器前,面对信号盒。被测试者在听到预备口令时,注意信号盒,做好对刺激(灯光或声音)做出按键反应的准备。一旦看到信号灯,就立即做出按键反应。视、听反应各测 5~10 次,求平均数,以毫秒为单位。

评价:反应时间越短,说明其反应速度越快。

2.动作速度测评

测定动作速度对仪器的要求较高,需要专门的仪器,如果不具备这一条件,则可让被测试者在一个较短的规定时间内,连续反复做一个动作,将其在规定时间内的动作次数记录下来,就可以将动作速度测量出来了。

3.位移速度测评

位移速度在很大程度上受制于遗传因素,后天训练所产生的改变程度较低,一般大学生的位移速度可以借助测 50 米跑成绩的方法来进行测评。

(三)耐力素质测评

1.定距离计时跑

(1)400 米(50 米×8 次往返)跑

测试方法:可以多人同时参与测试,所有的被测试者以 3~4 人为一组进行分组,起跑方式为站立式,听到口令后开始起跑,往返 8 次。往返跑时逆时针绕过杆。被测试者穿跑鞋,跑时要注意不得碰杆、扶杆和串道。测试人员发出起跑口令时,计时者开表计时,被测试者胸部到达终点时停表。

评价:用时越短,耐力素质越好。

(2)800 米跑、1 500 米跑

测试方法:测试时可多人同时进行,将所有被测者分为 3~4 人为一组,采用站立式起跑,听到测试人员口令后立即起跑,直至跑完全程。被测试者跑完后,不要马上停止或坐下,以免发生意外伤害事故。测试人员发出起跑口令时,计时者开表计时,被测者胸部到达终点时停表。

评价:用时越短则说明耐力素质越好。

2.定时计距离跑

测试方法:被测试者站在起跑线后,发令者发令后,被测试者以最快的速度坚持跑 9 分钟(12 分钟或 15 分钟),由计时者记录被测者在 9 分钟(12 分钟或 15 分钟)内跑过的距离。记录的单位为米,小数点后不计。

评价:耐力素质与规定时间内跑过的距离成正相关的关系。

(四)柔韧素质测评

1.足关节背屈角度测试

测试足关节背屈角度所用到的仪器主要有关节活动度测角规(测角器)。

测试方法:选择一块较平整的墙壁。测试开始后,被测者面墙而立,脚跟着地,身体前倾,眼睛平视,手臂撑住墙,掌心贴紧墙面,脚与墙之间的水平距离尽可能延长,身体保持平直,测角规一根尺面与地面、足底平行,一根尺面与腓骨平行。测试人员对被测试者两腿测角规(腓骨与地面间)背屈角度数值进行读取和记录,得出平均值。

评价:背屈度数越小越好。

2.足关节跖屈角度

测试足关节跖屈角度用到的仪器主要为测角规。

测试方法:被测试者光脚坐在地上,先尽量伸直右腿,用力绷直足背,测角规一根尺面与腓骨平行,一根尺面与足背最高处平行,上体正直稍后仰,双手撑地,保持身体平衡,测试人员分别记录两腿跖屈数值,取其平均值。

评价:夹角度数越大越好。

3.髋关节柔韧性

测试髋关节柔韧性用到的仪器为直尺或软尺。

测试方法:被测试者两腿分开,双腿劈叉的幅度尽可能大,两腿尽量向远离身体方向伸出,使双腿分叉处与地面接近。对股骨大转子尖离地面的垂直距离进行测量并记录下来。

评价:纵横劈叉距离越短,髋关节柔韧性越好。

(五)灵敏素质测评

1.反复横跨

测试方法:测试时,被测试者两脚跨中线站立,膝关节稍微弯曲。测试人员发出"开始"的口令后,被测试者单脚跨越横线,双脚落地,先跨右侧平行线,然后跨回中线,再跨左侧平行线,接着又跨回中线,往复进行20秒钟。测试人员记录被测试者横跨次数。

评价:身体灵敏性与单位时间内横跨次数成正比。

2.12分钟跑(米)

测试方法:测试开始后,被测试者以站立的姿势起跑,绕跑道跑12分钟。当听到测试人员"停跑"的命令后,计下被测试者所处的地点,然后对其距离进行测量,并将成绩记录下来。

评价:跑的距离越远,说明灵敏素质越好。

3.立定跳远(厘米)

测试方法:测量时,被测试者的脚尖不得踩线,也不能有垫步连跳动作。被测试者每人试跳3次,将其最好的成绩记录下来。

评价:跳的距离越远,说明灵敏素质越好。

第三节 大学生心理健康的评价

一、心理健康的标准

目前,国内外学者普遍认同心理健康的标准有以下11项。

(1)具有一定的安全感,自尊心较强,能够对自我成就的价值有所体会。

(2)对自己的了解较充分,对自己的评价较为客观。

(3)在日常生活中,具有一定的自发性和感应性,不会因环境发生根本性改变。

(4)将个人的需要适度表现出来,并通过自身的能力使该需要得到满足。

(5)有自知之明,对自己的动机和目的有充分了解,并有效估计自己的能力。

(6)能够有效接触现实环境,对于生活中的挫折和打击能够接受并有客观认识,无过度幻想。

(7)能使人格的完整性与和谐性得以保持,会根据社会标准的变化而适当调整个人的价值观,能将注意力集中于自己的工作上。

(8)所具有的生活目的与实际情况相适应,个人所从事的工作是具有实际意义且有能力完成的。

(9)具有从经验中学习的能力,能与环境的需要相适应,并以此来对自己进行适当改变。

(10)能适应集体生活,并能从中保持和谐的人际关系,将集体的需要放在重要位置。

(11)在不违反原则的前提下,要保持自己的个性,有个人独立的观点,有足够的能力进行是非、善恶的判断,对人、对事都有客观实际的态度。

二、大学生心理健康测量

大学生的心理特点具有多样性,通常可以从辩证思维的形成、自我同一性的完善、同伴群体的形成、价值体系的稳定等方面得以体现。同时,其也具有一定的独特性,比如,智力发展良好、自我评价存在光环效应、价值准则倾向理想化、考试焦虑等,这些都会在不同程度上影响到大学生的心理健康。

大学生的心理健康标准主要有5个方面:情绪稳定性标准、人际关系和谐标准、对现实感知的充分性标准、焦虑标准、心理适应性标准等。

不同标准测量所用到的量表是不同的,具体如下。

(1)大学生焦虑测量所用到的量表主要有:显性焦虑量表(MAS)、考试焦虑综合诊断量表、社交焦虑量表、焦虑症自测问卷。

(2)大学生情绪稳定性测量所用到的量表主要有:艾森克情绪稳定性诊断量表。

(3)大学生人际关系和谐性测量所用到的量表主要有:大学生人际关系综合诊断量表、大学生自卑心理诊断量表。

(4)大学生心理适应能力测量所用到的量表主要有:心理适应能力自测问卷、大学生心理适应性测量问卷、嫉妒心理诊断问卷。

(5)大学生对现实感知充分性的测量所用到的量表主要有:艾森克现实

性—幻想性测验。

除此之外,大学生心理健康综合测量用到的广泛性和频率也是非常高的,这一测量所用到的量表为身心症状自评量表(SCL-90)。下面就以此为例来对大学生心理健康测量与评价进行详细阐述。

三、大学生心理健康综合测量(SCL-90)

对大学生心理健康状况进行综合诊断所使用的量表,目前国内使用得比较多的主要是身心症状自评量表(SCL-90)。身心症状自评量表对于大学生团体的心理健康普查工作是非常适用的。其具有简便、实用的显著特点,该量表在心理健康测量和心理咨询中有着广泛的应用。

(一)大学生心理健康综合测量的具体内容

SCL-90量表所设置的询问题目共有90个,内容广泛(表6-15)。

下面的表格中列出了一些大学生可能会产生的问题,请仔细阅读,然后以最近一星期自己的实际感觉为依据,来选择出与自己情况最相符的一种情况,并在每个项目后面所附的备选答案的相应编号上画"○"。

表6-15 问卷项目

	没有	较轻	中等	较重	严重
(1)头痛	A	B	C	D	E
(2)神经过敏、心中不踏实	A	B	C	D	E
(3)头脑中有不必要的想法或者名字盘旋	A	B	C	D	E
(4)头昏或晕倒	A	B	C	D	E
(5)对异性的兴趣减退	A	B	C	D	E
(6)对旁人求全责备	A	B	C	D	E
(7)感到别人能控制你的思想	A	B	C	D	E
(8)责怪别人制造麻烦	A	B	C	D	E
(9)健忘	A	B	C	D	E
(10)担心自己衣饰的整齐及仪态的端正	A	B	C	D	E
(11)容易烦恼和激动	A	B	C	D	E

续表

	没有	较轻	中等	较重	严重
(12)胸痛	A	B	C	D	E
(13)害怕空旷的场所或街道	A	B	C	D	E
(14)感到自己的精力下降,活动减慢	A	B	C	D	E
(15)想结束自己的生命	A	B	C	D	E
(16)听到旁人听不到的声音	A	B	C	D	E
(17)发抖	A	B	C	D	E
(18)感到大多数人都不可信任	A	B	C	D	E
(19)胃口不好	A	B	C	D	E
(20)容易哭泣	A	B	C	D	E
(21)同异性相处时感到害羞不自在	A	B	C	D	E
(22)感到受骗、中了圈套或有人想抓住自己	A	B	C	D	E
(23)无缘无故地突然感到害怕	A	B	C	D	E
(24)自己不能控制地大发脾气	A	B	C	D	E
(25)怕单独出门	A	B	C	D	E
(26)经常责怪自己	A	B	C	D	E
(27)腰痛	A	B	C	D	E
(28)感到难以完成任务	A	B	C	D	E
(29)感到孤独	A	B	C	D	E
(30)感到苦闷	A	B	C	D	E
(31)过分担忧	A	B	C	D	E
(32)对事物不感兴趣	A	B	C	D	E
(33)感到害怕	A	B	C	D	E
(34)感情容易受到伤害	A	B	C	D	E
(35)旁人能知道你的私下想法	A	B	C	D	E
(36)感到别人不理解你、不同情你	A	B	C	D	E
(37)感到人们对你不友好、不喜欢你	A	B	C	D	E
(38)做事必须做得很慢以保证做得正确	A	B	C	D	E
(39)心跳得很厉害	A	B	C	D	E

续表

	没有	较轻	中等	较重	严重
(40)恶心或胃部不舒服	A	B	C	D	E
(41)感到比不上他人	A	B	C	D	E
(42)肌肉酸痛	A	B	C	D	E
(43)感到有人在监视你、谈论你	A	B	C	D	E
(44)难以入睡	A	B	C	D	E
(45)做事须反复检查	A	B	C	D	E
(46)难以做出决定	A	B	C	D	E
(47)怕乘公共电车、公共汽车、地铁或火车	A	B	C	D	E
(48)呼吸有困难	A	B	C	D	E
(49)一阵阵发冷或发热	A	B	C	D	E
(50)因为感到害怕而避开某些东西、场合	A	B	C	D	E
(51)脑子变空了	A	B	C	D	E
(52)身体发麻或刺痛	A	B	C	D	E
(53)喉咙有梗塞感	A	B	C	D	E
(54)感到没有前途、没有希望	A	B	C	D	E
(55)不能集中精神	A	B	C	D	E
(56)感到身体的某一部分软弱无力	A	B	C	D	E
(57)感到紧张或容易紧张	A	B	C	D	E
(58)感到手或脚发硬	A	B	C	D	E
(59)想到死亡的事	A	B	C	D	E
(60)吃得太多	A	B	C	D	E
(61)当别人看着你或者谈论你时感到不自在	A	B	C	D	E
(62)有一些不属于你自己的想法	A	B	C	D	E
(63)有想打人或伤害他人的冲动	A	B	C	D	E
(64)醒得太早	A	B	C	D	E
(65)必须反复洗手、点数目或触摸某些东西	A	B	C	D	E
(66)睡得不稳不深	A	B	C	D	E
(67)有想摔坏或破坏东西的冲动	A	B	C	D	E

续表

	没有	较轻	中等	较重	严重
(68)有一些别人没有的想法或念头	A	B	C	D	E
(69)感到对别人神经过敏	A	B	C	D	E
(70)在商店或电影院等人多的地方感到不自在	A	B	C	D	E
(71)感到做任何事情都很困难	A	B	C	D	E
(72)一阵阵恐惧或惊恐	A	B	C	D	E
(73)感到在公共场合吃东西很不舒服	A	B	C	D	E
(74)经常与人争论	A	B	C	D	E
(75)单独一人神经很紧张	A	B	C	D	E
(76)感到别人对你的成绩没有做出恰当的评价	A	B	C	D	E
(77)即使和别人在一起也感到孤单	A	B	C	D	E
(78)感到坐立不安、心神不宁	A	B	C	D	E
(79)感到自己没有什么价值	A	B	C	D	E
(80)感到熟悉的东西变得陌生或不像是真的	A	B	C	D	E
(81)大叫或摔东西	A	B	C	D	E
(82)害怕会在公共场合昏倒	A	B	C	D	E
(83)感到别人想占你的便宜	A	B	C	D	E
(84)为一些有关"性"的想法很苦恼	A	B	C	D	E
(85)认为应该因为自己的过错而受到惩罚	A	B	C	D	E
(86)感到要赶快把事情做完	A	B	C	D	E
(87)感到自己的身体有严重问题	A	B	C	D	E
(88)从未感到和其他人很亲近	A	B	C	D	E
(89)感到自己有罪	A	B	C	D	E
(90)感到自己的脑子有毛病	A	B	C	D	E

(二)大学生心理健康综合测量评分规则

在评分规则方面,SCL-90采用5级评分制:若选A计1分表示没有该情况,选B计2分表示在频度和强度上较轻,选C计3分表示中等,选D计4分表示较重,选E计5分表示严重。

将10个因子各自所包含的项目得分累计相加,就得出了各个因子的累计得分(表 6-16)。

表 6-16　SCL-90 测验答卷得分换算表

因子	所属因子的项目编号	因子解析	累计得分(S)	因子分数(S/项目数)
F1（躯体化）	1,4,12,27,40,42,48,49,52,53,56,58	该因子能将包括心血管、胃肠道、呼吸等系统的主诉不适和头痛、背痛、肌肉酸痛以及焦虑的其他躯体表现在内的主观身体不适感反映出来		
F2（强迫症状）	3,9,10,28,38,45,46,51,55,65	症状与临床上的强迫表现基本相同，主要指那种明知没有必要，但又无法摆脱的无意义的思想、冲动、行为等表现。除此之外，还能反映出一些比较一般的感知障碍		
F3（人际关系敏感）	6,21,34,36,37,41,61,69,73	它主要指某些人的不自在感与自卑感，尤其是在与其他人相比较时更突出。这一因子所反映出的主要是自卑感、懊丧以及在人事关系方面明显不适应		
F4（抑郁）	5,14,15,20,22,26,29,30,31,32,54,71,79	这一因子能够将忧郁苦闷的感情和心境等症状反映出来。其还包括失望、悲观和与忧郁相联系的其他感知及躯体方面的问题。除此之外，该因子中有几个项目包括了死亡、自杀等概念		
F5（焦虑）	2,17,23,33,39,57,72,78,80,86	这一因子包含的内容主要有：无法静息、神经过敏、紧张以及由此产生的躯体征象（如震颤）；游离不定的焦虑及惊恐发作		

续表

因子	所属因子的项目编号	因子解析	累计得分（S）	因子分数（S/项目数）
F6（敌对）	11，24，63，67，74，81	这一因子能够将病人的敌对表现从思想、感情及行为三个方面反映出来。其包括的内容有：从厌烦、争论、摔物直至争斗和不可抑制的冲动暴发等各个方面		
F7（恐怖）	13，25，47，50，70，75，82	这一因子的内容主要包括对出门旅行、空旷场地、人群或公共场合及交通工具的恐怖。除此之外，反映社交恐怖的项目也属于这一因子的范畴		
F8（偏执）	8，18，43，68，76，83	这一因子主要指投射性思维、敌对、猜疑、关系观念、妄想、被动体验和夸大等		
F9（精神病性）	7，16，35，62，77，84，85，87，88，90	一级症状：幻听、思维扩散、被控制感、思维被插入。此外，精神分裂症状等项目还能将非一级症状的精神病表现反映出来		
F10（其他）	19，44，59，60，64，66，89	（44）、（64）、（66）三项能将睡眠反映出来；（19）、（60）两项能将饮食反映出来；（59）项反映死亡观念；（89）项反映自罪观念。除此之外，（59）、（89）两项和F4因子的（15）项，综合起来能够将自杀倾向反映出来		
阳性项目总数：（=90－选A的项目数）		总累计得分：	总因子分数：	

（三）大学生心理健康综合测量评价结果

SCL-90的测量与评价结果可从不同的角度来进行解释。SCL-90在国内已有 18～29 岁的全国性常模（表 6-17）。该常模给出了各种因子的平均数 x 和标准差 SD。一般的，如果某因子分数偏离常模团体平均数达到两个标准差（2SD）时，就可以判定为异常。

在对大学生进行心理健康测评和心理咨询过程中，所用到的评价标准为看因子分数是否超过 3 分（1～5 评分制），若超过 3 分，即表明该因子的症状已达中等以上的严重程度。在 0～4 评分制中，若超过 2 分，即表明该因子的症状达中等以上的严重程度，就需要对被测大学生采取必要措施来对其心理加以治疗。

表 6-17 SCL-90 全国性常模

项目	$x+SD$	项目	$x+SD$
躯体化	1.34＋0.45	敌对	1.50＋0.57
强迫症状	1.69＋0.61	恐怖	1.33＋0.47
人际关系敏感	1.76＋0.69	偏执	1.52＋0.60
抑郁	1.57＋0.61	精神病性	1.36＋0.47
焦虑	1.42＋0.43	阳性项目数	27.45＋19.32

第四节 大学生社会适应能力的评价

社会适应能力在心理素质中是处于核心地位的重要内容之一，也是社会对人才素质的基本要求之一。一般的，可以通过生活（自理能力、饮食、穿戴等）、人际沟通（人际交往能力、语言等）、社会技能（与人合作的能力、顺应社会行为规范的能力以及实践能力等）三个方面的指标来进行衡量和评价。

在现代社会中，大学生是社会所需人才的重要来源，要求其必须具有良好的社会适应能力，为其走向社会奠定基础。

一、大学生社会适应能力的测量

对大学生社会适应能力进行测量，主要是为了了解大学生在自然环境条件下所表现出来的对社会的成熟度、与学习能力有关的行为等方面的信息。针对大学生社会适应能力的测量常采用社会测量法和问卷调查法等方法。常用的测量社会适应能力的量表有很多，下面就介绍常见的几种。

(一)《适应行为量表》(ABAS)

《适应行为量表》(ABAS),具有信息量大、反映全面的显著特点,是能够将多种不同适应功能反映出来的量表。量表共有两大部分,分为 21 个主题,每一个主题又包括了若干项目,共有 95 个项目(表 6-18)。

表 6-18 《适应行为量表》(ABAS)

因子		主题
测验正常适应行为	(1)个人的自我满足;(2)社区的自我满足;(3)个人和社会责任性	(1)独立能力
		(2)躯体发育
		(3)花钱
		(4)语言发育
		(5)计数和计时
		(6)就业前的活动
		(7)自我导向
		(8)责任心
		(9)社会化
测验不良适应行为	(1)社会调节;(2)个人调节	(10)攻击性
		(11)社会行为与反社会行为
		(12)对抗行为
		(13)可信任度方面
		(14)参与或退缩
		(15)装相方面
		(16)社交表现
		(17)发音习惯
		(18)习惯表现
		(19)活动度
		(20)症状性行为
		(21)药物使用

ABAS 在中国多个省市都有广泛的应用,且最终得出的结果为量表的信度效度均较好,能够对年龄较小的特殊大学生群体的适应能力进行测量。

(二)《内、外向性格类型量表》

内向性格:安静、富于想象、爱思考、退缩、害羞和防御性,对人的兴趣漠然。

外向性格:爱交际、坦率、随和、乐于助人、轻信、易于适应环境。

荣格认为,纯粹内向或外向性格的人是很少的。对于大多数人来说,是介于内向和外向之间的中间型。为了测验性格的内、外向,人们编制了多种量表。其中,日本淡元路治郎的向性检查卡是较为具有代表性的一种,下面就对其加以介绍。

该量表将内、外向性格判断的标准定为一个人对别人的态度、交友的情况、对新环境的兴趣和适应以及自我主张的强烈程度等几个方面的症状。通过其中的50个测试题,根据被测试者的回答结果,可求出外向性指数(V.Q)。每题的回答只有"是""否"或"不定"三种选择。量表外向性题的编号是:2、4、5、8、10、11、12、18、20、21、24、25、26、28、29、34、36、37、38、40、41、46、48、49、50;其余25道题属于内向性题。

通过测评,如果得出的外向性指数大于115,那么就可以判定该大学生属于外向型性格;如果外向性指数小于95,那么就可以将该大学生判定为内向型性格;而如果外向性指数在95~115之间,那么该大学生就属于中间型性格。

(三)《中国人社交关系量表》

《中国人社交关系量表》,共120题,约需20分钟,结果报告13页。

本测验通过对信任感、真诚性、利他性、顺从性、谦虚性和同情心六个方面的细致测评,来达到对人的社交关系状况进行了解的目的。通过这个测验,能够为人们了解自己的合作性等方面的状况提供相应的帮助。

二、大学生社会适应能力的评价

通过对大学生社会适应能力的测量,可以得出他们在社会适应能力方面是好是坏。

(一)社会适应能力较强的大学生

通常,社会适应能力较强的人,对周围环境的熟悉速度会较快,在与同学、朋友、领导、同事交流方面具有一定的主动性,掌握的信息数量较多,锻炼的机会也比较多,他们在人际交往圈中往往扮演重要的角色,且较为积极、活跃,为自己创造的机会也更多。

（二）社会适应能力较差的大学生

而社会适应能力较差的人,则往往沉浸在自己的世界中,与周围环境的融合不够理想,经常会表现出自负、孤傲,或自卑、胆怯,或消极地抱怨,或敌对地反抗,纵有满腹才华,也很难让别人发现自己的价值,发展机会相对较少。通常,社会适应能力较差的大学生,通常会有以下两种表现,需要进行适当调整。

1. 心理适应不良

心理适应不良,指的是因为心理发展不协调而使得个性障碍程度加重,并对身体健康产生影响的状况。大学生心理适应不良者以男性、内向型性格者为多。这些人主要表现为:多孤僻不合群,沉默寡言,缺乏朋友,兴趣范围狭小,固执己见,敏感多疑,易与家庭及周围人发生矛盾。由于社会经验的不足,难以找出恰当有效的方法来解决,这些心理压力如长期不能消除,很容易造成心理障碍,致使社会适应不良,严重者则对生活失去信心,悲观失望,个别人可能出现自杀等行为。针对这种情况,首先要弄清原因,然后通过心境训练,用欢笑驱除忧愁,用松弛疗法来降低紧张焦虑来进行调节。有精神病症状者,应看医生,在医生指导下进行治疗。

2. 承受挫折的能力差

承受挫折的能力差,指的是由于过去失败的经验,整个身心被失败的阴影所笼罩的心理现象,总是给自己消极的心理暗示,对失败的恐惧成了前进的最大障碍。鉴于此,首先需要对挫折有一个客观认识,其在具有负面作用的同时也起到积极的影响,比如,挫折能磨炼我们的意志。还要对自己的长处进行充分挖掘,增强自信;善于以己之长,对他人之短。除此之外,还要积极参与社会活动,扩大人际交往,增进理解,开阔心胸,增强学习和生活的信心,使心理的危机感有所减少。

第七章 大学生体质健康促进的运动健身指导

据调查,近年来我国大学生的身体素质呈逐年下降的趋势,而大学生不论是日常生活还是参加体育运动锻炼都需要有一个好的身体素质作保障。因此,加强大学生的身体素质锻炼,促进大学生的体质健康需要引起高度重视。本章主要围绕大学生身体素质训练的手段与方法,对大学生运动处方的设计与常见的运动健身锻炼的方法进行详细阐述,为大学生的体质健康提供必要的指导。

第一节 大学生身体素质训练指导

一、力量素质训练

(1)仰卧起坐。参加训练的大学生仰卧在垫子上,身体处于水平位置,腿伸直,两手一般抱头,然后向上抬上体至垂直部位,再慢慢后倒成原来姿势。练习时要保持合理的速度,可以结合个人的实际情况而定。

(2)收腹举腿。大学生仰卧在垫子上,身体伸直处于水平位置,两臂伸直自然置于体侧,然后收腹向上举起双腿至垂直部位,再慢慢放下成原来姿势。

(3)连续跳跃。用单腿跳跃和双腿跳跃进行水平跳,向前跳和向上跳。练习时整个动作要保持连贯和简洁,不能中断或拖沓。

(4)俯卧撑。俯身向前,手掌撑地,手指向前,两臂伸直,两手撑距同肩宽,两腿向后伸直,两脚并拢以脚尖着地。两臂屈肘向下至背低于肘关节,接着两臂撑起伸直成原来姿势。

(5)引体向上。两手正握或反握单杠,握距同肩宽,两脚离地,两臂伸直,身体悬垂。引体发力身体向上拉至头过杠面,然后身体慢慢垂下成原来姿势。练习时动作要规范和合理,合理地分配体力。

大学生力量素质训练处方见表7-1。

表 7-1 大学生力量素质锻炼处方示例

运动处方	运动目的:提高肌肉力量	
	锻炼方法:上下凳子、立卧撑、引体向上、仰卧起坐、哑铃、蹲跳、体前屈举	
	运动强度	运动心率:140~160次/分钟
		用力级别:60%左右
		代谢强度:中、大
	练习次数	10次×3组
	运动频度	每周2~3次
	注意事项	(1)运动负荷强度60%左右;(2)各组间间歇时间适宜

二、耐力素质训练

(一)有氧耐力训练

(1)定时跑。选择合适的场地,做固定时间的跑动练习,练习的时间为15~30分钟。

(2)定时定距跑。选择合适的场地,做定时、定距离跑的练习。如15~20分钟时间内跑3 600~4 600米,具体要求依据学生的个人能力而定。

(3)重复跑。选择合适的场地做重复跑练习,跑动距离、次数与强度依据个人实际情况和锻炼的目的而定。一般情况下,600米、800米、1 000米是合理选择。

(4)法特莱克跑。选择合适的场地,进行自由变速跑,时间大约维持在30分钟左右。

(5)大步走、交叉步走或竞走。选择合适的场地,做大步快走或交叉步走练习。依据个人情况设计分组练习,每组1 000米左右,做4~6组。

(6)越野跑。选择合适的场地进行越野跑练习。练习的距离通常在4 000米以上,可以依据个人情况合理地选择。

(二)无氧耐力训练

(1)原地或行进间间歇车轮跑。原地或行进间做车轮跑练习。每组50~70次,6~8组,组间歇2~4分钟,强度一般为75%~80%。

(2)间歇后蹬跑。行进间做后蹬跑练习,每组30~40次或60~80米,

6～8组,组间歇2～3分钟,强度为80%。

(3)高抬腿跑转加速跑。行进间高抬腿跑20米左右转加速跑80米。重复5～8次,间歇2～4分钟,强度为80%～85%。

(4)反复超赶跑。选择合适的场地,10人左右成纵队慢跑或中等速度跑,听口令后,排尾加速跑至排头。每人重复循环6～8次,强度65%～75%。

(三)混合耐力训练

(1)反复跑。每组反复跑150米、250米、500米之间距离4～5次。每组练习之间休息约20分钟。大学生在规定的时间内要完成整个练习,练习强度在80%以上。

(2)间歇快跑。以接近100%强度跑完100米后,接着慢跑1分钟,做间歇性练习。反复练习10～30组。大学生可依据自身实际合理地调整训练负荷。

(3)短距离重复跑。采用300～600米距离做反复跑练习,每次练习强度为80%～90%。大学生在参加训练的过程中,要注意速度的合理分配。

(4)力竭重复跑。依据个人实际确定合理的跑距,以100%强度全力完成整个距离跑。依据身体情况确定练习的次数,练习时进行充分的休息,避免发生过度疲劳。

(5)俄式间歇跑。用规定速度跑完100米后,休息20～30秒,如此循环反复练习。当练习者的能力可以缩短练习中间休息时间时,调整休息时间为15～25秒。

(6)持续接力。进行100～200米的全力跑,每组4～5人做轮流接力。具体的训练中,各组成员要协调配合,提高默契度。

大学生耐力素质训练处方见表7-2、表7-3。

表7-2　大学生耐力素质锻炼处方示例1

运动处方	运动目的:提高肌肉耐力	
	运动项目:原地跨栏架、摔跤	
	运动强度	运动心率:110～140次/分钟
		用力级别:60%左右
		代谢强度:小、中

续表

运动处方	运动时间	每组 2 分钟×2 组
	运动频度	每周 1~2 次
	注意事项	(1)不能中断或中途退出;(2)注意动作质量与呼吸

表 7-3　大学生耐力素质锻炼处方示例 2

运动处方	运动目的:发展无氧耐力和有氧耐力	
	运动项目:400 米跑(其中跑 250 米、走 150 米)	
	运动强度	运动心率:140~160 次/分钟
		用力级别:60%~80%
		代谢强度:中、大
	运动次数	3~5 组
	运动频度	每周 2~3 次
	注意事项	(1)控制心率;(2)防止过度疲劳;(3)注意呼吸

三、速度素质训练

(一)反应速度训练

(1)反应起跳。在地上画一个圆圈,圈外分开站两人,练习者站在圈内圆心处,手持竿长超过圈半径的竹竿向圈外人脚下画圆,圈外人在竿经过自己脚下时迅速往上跳起,避免被打中,若圈外人起跳不及时,脚被竹竿打中,则在圈内扮演持竿者的角色,原来的持竿者站到圈外,继续按同样的方法练习。

(2)压臂固定瑞士球。在长凳上立腰直背坐,一侧手臂水平向同方向伸出,手掌将瑞士球压住。同伴向侧面不同方向拍球(拍球力量为最大力量的 60%~75%),练习者手用力按压,防止球移动。

(二)动作速度训练

(1)横向飞鸟。两脚左右开立,双手在体前平举杠铃片,向两侧打开手臂直至最大限度,然后还原,反复练习。

(2)纵向飞鸟。双脚左右开立,双手在体侧持握杠铃片,直臂快速举到

第七章 大学生体质健康促进的运动健身指导

头顶,然后还原,反复练习。

(3)仰卧快速伸臂。在瑞士球上仰卧,双手持哑铃迅速向上直臂举起。手臂固定不动,保持片刻,然后下放到头两侧。休息片刻,再进行屈肘练习。

(4)双杠快速臂撑起。双手抓在双杠上支撑身体,屈肩、屈肘,身体下移,然后臂部发力再次将身体撑起,反复练习。

(5)仰卧双腿快速提球。身体仰卧在地面上,双腿夹球,用一根绳子将双踝系在一起,保持球的固定。两臂在身体两侧的地面上向斜下方向伸展,掌心贴地面。两膝发力向胸部靠近,直至大腿与地面的夹角稍大于直角,反复进行练习。

大学生速度素质训练处方见表7-4。

表7-4 大学生速度素质训练处方示例

运动处方	运动目的:提高最大速度	
	运动项目:40米下坡、30米平地、30米上坡、负重半蹲起跳,重复练习	
	运动强度	运动心率:140~160次/分钟
		用力级别:60%~80%
		代谢强度:中、大
	锻炼次数	3次×5组
	运动频度	每周2~3次
	注意事项	(1)做好准备活动;(2)避免强度过大;(3)肌肉有痛感应立即停止练习;(4)在运动伤害的恢复期间,不做此练习

(三)位移速度锻炼

(1)高抬腿伸膝走。按照短跑的方式大步走,高抬摆动腿,充分屈膝使脚与大腿靠近。

(2)踏步折叠腿大步走。按照短跑的方式充分摆臂大步走,摆动腿充分弯曲,后蹬腿要加上踏步动作。

(3)跑台阶。以跑的形式连续上台阶。持续4~8秒后稍停顿,然后继续。

(4)下坡跑。在坡度为3°~7°的下坡跑道上快跑。以最快速度跑,注意动作节奏。

(5)上坡跑。在坡度为20°~35°的上坡道上快速跑。持续4~8秒后稍停顿,然后继续,争取在这个时间内每次跑的距离更长。

四、柔韧素质训练

(一)手指手腕柔韧性训练

(1)反复做握拳、伸展练习。
(2)做手腕屈伸、绕环练习。
(3)两手五指交叉直臂头上翻腕,掌心朝上。
(4)两手五指相触用力内压,使指根与手掌背成直角或小于直角。
(5)用左手掌心压右手四指,连续推压。
(6)左、右手指交替抓下落的棒球(或小铅球)。

(二)肩关节柔韧性训练

1. 拉肩练习

(1)背对肋木坐,双手头上握肋木,以脚为支点,挺胸腹前拉起成反弓形。
(2)背向肋木站立,双手反握肋木,下蹲下拉肩。
(3)侧向肋木,一手上握一手下握肋木向侧拉。
(4)背向肋木屈膝站于肋木上,双手头上握肋木,然后向前蹬直双腿胸腹用力前挺。

2. 压肩练习

(1)手扶一定高度体前屈压肩。
(2)面向墙一脚距离站立,手、大小臂、胸触墙压肩。为提高练习的效果,角度逐渐增大。

3. 吊肩练习

(1)单杠负重静力悬垂。
(2)杠悬垂或加转体。
(3)后吊。单杠悬垂,两腿从两手间穿过下翻成后吊。

4. 转肩练习

用木棍、绳或橡皮筋作直臂向前、向后的转肩。需要注意的是,握距要逐渐缩小。

(三)胸部柔韧性训练

(1)面对墙站立,两臂上举扶墙,抬头挺胸压胸。胸要尽量贴紧墙壁,幅度要保持一定的大小,可以逐步增大。

(2)虎伸腰。大学生呈跪立姿势,手臂前放于地下,胸向下压。要求主动伸臂,挺胸下压。

(3)俯卧背屈伸。腿部保持不动,反复做抬上体、挺胸练习。

(四)腰腹部柔韧性训练

(1)弓箭步转腰压腿。

(2)向后甩腰练习。

(3)体前屈腰手握脚踝,尽量使头、胸、腹与腿相贴。

(4)肩肘倒立下落成屈体肩肘撑。

(5)双人背向,双手头上握或互挽臂互相背。

(五)腿部柔韧性训练

(1)将脚放在一定高度上,另一腿站立脚尖朝前,然后正压、侧压、后压。

(2)做弓箭步压腿练习。

(3)做跪坐压脚面练习。

(4)左右劈腿。仰卧在垫子上,屈腿或直腿都可以,由同伴扶腿部不断下压。

(5)前后劈腿。腿部垫高,在同伴的帮助下做劈腿练习。

(6)踢腿。原地扶把杆或行进,正踢、侧踢、后踢。

(7)摆腿。向内、向外摆腿。

(8)用脚内侧、外侧、脚跟、脚尖走。

(六)踝关节和足背部柔韧性训练

(1)脚前掌着地做各种行走练习。

(2)准备一根跳绳,做脚前掌着地的各种跳绳练习。

(3)跪在垫子上,利用体重前后移动做压足背练习。

(4)坐在垫子上,在足尖部上面放重物,做压足背练习。

第二节　大学生常见运动项目健身指导

大学生经常参加的体育运动项目有很多,为促进身体素质的发展,大学生可以结合自身具体实际和爱好合理选择适合自己的运动项目。

一、完善大学生形体的运动健身指导

(一)健美操健身指导

健美操具有良好的健身价值,经常习练健美操还能够完善人的形体,因此受到广大学生尤其是女生的青睐。下面主要介绍《全国健美操大众锻炼标准》中的一级套路,方便大学生进行练习。大学生在练习的过程中应注意对音乐节奏的把握、动作的力度以及步伐的弹性。

1. 组合一

(1)第一个八拍

预备姿势:站立。

1~8拍:

下肢步伐:右脚开始一字步2次。

上肢动作:1~2拍双臂胸前屈,3~4拍后摆,5拍胸前屈,6拍上举,7拍胸前屈,8拍放于体侧。

(2)第二个八拍

1~4拍:

下肢步伐:右脚开始向前走3步吸腿。

上肢动作:1~3拍双臂经前举后摆至臂侧屈,4拍击掌。

5~8拍:

下肢步伐:左脚开始向后退3步吸腿。

上肢动作:手臂同1~4拍。

(3)第三个八拍

1~4拍:

下肢步伐:右脚开始侧并步2次。

上肢动作:1拍右臂肩侧屈,2拍还原,3拍左臂肩侧屈,4拍还原。

第七章　大学生体质健康促进的运动健身指导

5～8拍：

下肢步伐：右脚开始侧并步2次。

上肢动作：5拍双臂胸前平屈,6拍还原,7～8拍同5～6拍动作。

(4)第四个八拍

1～4拍：

下肢步伐：左脚十字步。

上肢动作：自然摆动。

5～8拍：

下肢步伐：左脚开始踏步4次。

上肢动作：5拍击掌,6拍还原,7～8拍同5～6拍动作。

第五至八个八拍,动作相同,但方向相反。

2.组合二

(1)第一个八拍

1～8拍：

下肢步伐：右脚开始前点地4次。

上肢动作：1拍双臂屈臂右摆,2拍还原,3拍左摆,4拍还原,5拍右臂摆至侧上举,左臂胸前平屈,6拍还原,7～8拍同5～6拍动作,但方向相反。

(2)第二个八拍

1～4拍：

下肢步伐：右脚开始向右弧形走270°。

上肢动作：自然摆动。

5～8拍：

下肢步伐：并腿半蹲2次。

上肢动作：5拍双臂前举,6拍右臂胸前平屈(上体右转),7拍双臂前举,8拍放于体侧。

(3)第三个八拍

1～8拍：

下肢步伐：1～4拍左脚上步吸腿向右转体90°,5～8拍右脚上步吸腿向左转体90°。

上肢动作：1拍双臂前举,2拍屈臂后拉,3拍前举,4拍还原,5～8拍同1～4拍动作。

(4)第四个八拍

1～8拍：

下肢步伐：左脚开始向侧迈步后屈腿4次。

上肢动作:屈肘前后摆动。

第五至八个八拍,动作相同,但方向相反。

3. 组合三

(1)第一个八拍

1~4拍:

下肢步伐:右脚向右交叉步。

上肢动作:1~3拍双臂经侧至上举,4拍胸前平屈。

5~8拍:

下肢步伐:左脚向右迈步成分腿半蹲。

上肢动作:5~6拍双臂前举,7~8拍放于体侧。

(2)第二个八拍

1~4拍:

下肢步伐:右脚开始侧点地2次。

上肢动作:1拍右臂左前举、左臂屈肘于腰间,2拍双臂屈肘于腰间,3~4拍同1~2拍动作,但方向相反。

5~8拍:

下肢步伐:同1~4拍动作。

上肢动作:5~8拍同1~2拍动作,重复2次。

(3)第三个八拍

1~8拍:

下肢步伐:左脚开始向前走3步接吸腿3次。

上肢动作:1拍双臂肩侧屈外展,2拍胸前交叉,3拍同1拍动作,4拍击掌,5拍双臂肩侧屈外展,6拍腿下击掌,7~8拍同3~4拍动作。

(4)第四个八拍

1~8拍:

下肢步伐:右脚开始向后走3步接吸腿3次。

上肢动作:同第三个八拍。

第五至八个八拍,动作相同,但方向相反。

4. 组合四

(1)第一个八拍

1~8拍:

下肢步伐:1~4拍右腿开始V字步,5~8拍A字步。

上肢动作:1拍右臂侧上举,2拍双臂侧上举,3~4拍击掌3次,5拍右臂侧下举,6拍双臂侧下举,7~8拍击掌3次。

(2)第二个八拍

1~4拍:

下肢步伐:右腿开始弹踢腿跳2次。

上肢动作:1拍双臂前举,2拍下摆,3~4拍同1~2拍动作。

5~8拍:

下肢步伐:同1~4拍。

上肢动作:5拍双臂前举,6拍胸前平屈,7拍同5拍动作,8拍还原体侧。

(3)第三个八拍

1~8拍:

下肢步伐:左腿迈步2次。

上肢动作:双臂自然摆动。

(4)第四个八拍

1~8拍:

下肢步伐:左腿开始迈步后点地4次。

上肢动作:1~2拍右臂经肩侧屈至左下举,3~4拍同1~2拍动作,但方向相反,5~6拍经侧下举至左下举,7~8拍同5~6拍动作,但方向相反。

第五至八个八拍,动作相同,但方向相反。

练习时的注意事项:

(1)参加健美操运动前应进行身体全面的检查,重点检查心血管系统的机能,要严格把关。

(2)根据季节的变化和练习环境的温度适当着装,选择弹性好具有一定柔软性的鞋袜,这样能起到一定的保护作用。

(3)尽量选择空间广、空气流通好的运动场所。选择的器材要规范,质量要合格。

(4)注意运动强度的合理安排,以免发生过度疲劳的现象。

(5)运动结束后做必要的整理活动,除了补充水分外,还要补充一些高能量、低脂肪、高蛋白的食物。

(二)街舞健身指导

1.组合一

第一个八拍:

(1)步伐

1~2拍右脚尖重复点地2次,3拍右脚朝前方迈一步,4拍左脚向前迈一步,左右脚并立。5拍右脚侧点地,重心移至左脚。6拍右脚收回,左脚侧点地。7拍与5拍动作相同,8拍收回右脚成基本并立姿势。

(2)手臂

1~2拍右手打2次侧响指,3拍微屈两臂同时上举,4拍双臂放下再上举,5~7拍双臂稍屈置于身体两侧,8拍双臂向斜上方举起。

(3)手型

1~2拍响指,3~7拍双手放松成半握拳,8拍出双手食指。

(4)面向

1~6拍1点,5、7拍8点,6拍2点,8拍1点。

第二个八拍:

(1)步伐

1拍两脚左右开立,屈膝向下半蹲,右肩侧顶。2拍与1拍动作相同,方向相反。3拍胸在肩的带动下顺时针绕环,4拍抬起左脚,5拍左脚脚跟点地。6拍左脚收回,右脚跟点地。7拍180°转身,8拍双肘抬起。

(2)手臂

1~7拍双臂自然垂于体侧,8拍两臂抬起到腰间部位。

(3)手型

1~7拍双手自然放松,8拍双手成握拳。

(4)面向

1~3拍1点,4~6拍3点,7~8拍7点。

第三个八拍:

(1)步伐

1~2拍下肢固定,转动上体。3拍右脚前迈一步,4拍左脚前迈一步,与右脚成并步。5拍左脚向后撤步,6拍180°转体,7拍右脚向后撤一步,8拍180°转体。

(2)手臂

1~2拍肘部向侧方向上抬两次,3拍稍微伸出左臂,4~8拍两臂在体侧自然摆动。

(3)手型

双手自然放松或半握拳。

(4)面向

1~5拍1点,6~7拍5点,8拍1点。

第四个八拍:

(1)步伐

1拍右脚跟前点,2拍左脚跟前点,3拍右脚向前半步迈出,4拍双脚脚

第七章 大学生体质健康促进的运动健身指导

跟向前转动后收回。5拍右脚向后迈一步,6拍左脚向后迈一步,7拍跳跃换脚,8拍左脚向前,两脚并立。

(2)手臂

1~3拍手臂自然放松,4拍肘部前抬然后收回,5~6拍手臂自然放松,7拍右臂由后向前抡,8拍两臂保持自然放松状态。

(3)手型

双手自然放松。

(4)面向

1点。

2. 组合二

第一个八拍:

(1)步伐

1拍右脚向右侧点地,2拍左脚向左侧点地,3拍与1拍动作相同,4拍右膝跪地左脚伸向左前方。5~6拍重心移向左上侧,7~8拍右、左脚依次向左一步迈出,脚跟点地。

(2)手臂

4拍左手扶在头部,右手撑在地上。

(3)手型

自然放松。

(4)面向

1~3拍1点,4拍8点,5~8拍7点。

第二个八拍:

(1)步伐

1拍左脚向右移动一步,2拍右脚向后,重心向右移动,3~4拍原地交叉跳3次。5拍并立,6拍双脚开立屈膝半蹲,7拍拍手,8拍并立。

(2)手臂

1拍手臂自然摆动,2拍右臂向左指,3~6拍两臂自然摆动,7拍连续拍两次手,8拍双臂向斜上方举起。

(3)手型

1~7拍双手自然放松,8拍食指伸出。

(4)面向

1~4拍7点,5~8拍1点。

第三个八拍:

(1)步伐

1~2拍右脚左踹并落地,3~4拍左脚右后交叉,然后还原。5~6拍左脚向左一步迈出,右脚向左踢,7~8拍右脚收回,并立。

（2）手臂

1~4拍手臂自然上下摆动,5~6拍双手经后至前交叉,7~8拍双手击掌。

（3）手型

双手成半握拳。

（4）面向

1点。

第四个八拍：

（1）步伐

1~2拍左右脚依次迈步,3~4拍左脚原地踏步,然后并立。5~6拍右脚向前、后迈步,7~8拍右脚点地,小腿上抬。

（2）手臂

1~6拍双臂前后自然摆动,7~8拍双手向两侧平举,右手扶在脑后,左手将右脚跟扶住。

（3）手型

1~6拍双手成半握拳,7~8拍双手打开,保持放松。

（4）面向

1拍7点,2拍5点,3~8拍1点。

二、提高大学生社会适应能力的运动健身指导

现代社会竞争异常激烈,作为一名大学生,将来毕业走向社会后也会面临着巨大的就业压力和竞争压力,因此没有一个良好的社会适应能力是不行的。一般来说,能够促使青少年更好地适应内外环境,提高其适应能力的运动主要有高原运动、耐热运动、森林浴、日光浴、热沙浴、空气浴等。这些项目都能很好地提升学生的社会适应能力。受篇幅所限,下面简单介绍其中的几种。

（一）高原运动锻炼指导

高原地区环境特殊,青少年在高原环境下进行锻炼,必须注意以下几个要点,以确保安全与锻炼效果。

（1）高原地区海拔高,氧气稀薄,对高原气候还不太适应的人来说,刚开始锻炼时适合选择慢跑、骑自行车等耗氧量较小、不是很剧烈的运动项目。如果已经对高原环境很适应了,可增加运动量。如藏族的孩子长年生活在

第七章 大学生体质健康促进的运动健身指导

此,对高原环境十分熟悉,具备了较强的环境适应能力,他们能够参加相对较为剧烈的运动。

(2)要在高原地区锻炼,首先身体要达到良好的状态,并且要避免空腹进行锻炼,以免体力消耗太大而发生危险。一般在饭后消化一小时左右开始锻炼。

(3)在高原地区进行运动锻炼,要特别注意时间的问题。高原地区早晚有较大的温差。选择在早上太阳出来后或下午黄昏时间进行锻炼比较合适。

(4)在高原上锻炼要特别注意营养的补充,食物以高热量、易消化为主。锻炼后因为消耗了一定的能量,所以会感到饥饿,此时先饮用一杯热水,然后进食,但不要暴饮暴食去弥补所消耗的能量,这会破坏之前取得的锻炼效果。

(5)在高原地区要注意控制晚餐的量,量太大会使胃肠道负担加重,压迫心肺,引起胸闷、心慌等不适症状。

(6)参加高原户外运动的人常常会在这里过夜,注意睡眠时以半卧位为宜,这样可使心肺负担缓解。

(二)空气浴锻炼指导

空气浴运动方式简单、灵活,对地区、季节以及物质条件没有特别的要求,作用也比较温和,对不同年龄和健康状况的人都适合。青少年在日常生活中可以随时随地进行这项运动。如开窗睡眠、户外活动、体力活动时少穿衣服等都与空气浴相关。但要以特定形式进行专门的空气浴锻炼,就要对以下几个要点加以注意。

(1)在无风条件下,按身体感觉(每个人对冷、暖、凉的感觉是不同的)可以将空气浴分为三种类型,即冷空气浴、暖空气浴和凉空气浴。一般开始时先进行暖空气浴,每天坚持锻炼效果更佳。

(2)面对寒流、大风、大雾等不良气候,暂时停止空气浴锻炼。尤其是大雾天更是如此,因为大雾天空气中有太多水分,湿度大,空气流动慢,很多尘埃和雾凝结在一起,气压升高,所以人们会感觉呼吸不通畅,且体温也会下降,如果掌握不好行浴时间,就容易受凉生病并引起其他问题。

(3)尽可能选择田野、多树木地、湖边、海边等空气新鲜的地方进行空气浴。

(4)第一次进行空气浴锻炼,一般持续15分钟左右,之后从自身情况出发可逐渐延长。温暖季节中,时间没有限制,在寒冷季节,不要超过2小时。

(5)空气浴时,不要穿太多衣服,同时进行跑步、体操等不同形式的身体活动。在锻炼过程中,随时观察与体会自我感觉,不要等到实在无法继续忍受这个环境或浑身起鸡皮疙瘩时才结束锻炼。锻炼是灵活的,是根据个人情况而随意调整的,不要像机械一样去执行任务。浴后注意要干摩擦。

(6)冬天户外气温低,在室内进行空气浴锻炼更为适宜,但要先开窗通风。注意房间内应有保暖设备。

(三)日光浴锻炼指导

1.作用与方法

日光中含有紫外线和红外线。紫外线可通过皮肤感受器而调节全身功能,促进血液循环,使全身活跃。紫外线对骨髓有刺激作用,从而促进红细胞的形成,对贫血具有良好的防治效果。另外,紫外线也能消毒杀菌。红外线有活血功能,能调节人体温度,让人感觉很温暖。适当地晒太阳有益身体健康,可防治慢性病。

进行日光浴时,可取坐位或卧位,先晒背部、下肢,再晒胸腹部。刚开始时每天10分钟左右,适应后每次可增加3分钟左右,但每次不要超过半小时。注意避免头部直晒,做好防晒工作。

2.注意事项

(1)若患有肺结核、心脏病等疾病,或身体发烧时,不可进行日光浴。

(2)锻炼前,先进行短时间的空气浴。

(3)若锻炼中出现烦热、眩晕、恶心等不良反应,立刻转移到阴凉地方休息;注意在之后的锻炼中减少持续时间。

(4)锻炼中要适当遮挡头部,以免中暑。

(5)若锻炼后出现疲劳、食欲下降、失眠等不良反应,应休息几天,身体恢复后再锻炼。

(6)根据个人体质决定照射时间,身体虚弱者时间短一些,身体强壮者时间长一些,慢性病患者也应适当延长时间。

(7)日光浴在一年四季都可进行,时间一般为一天中的8:00~10:00、14:00~16:00,这些时间段内紫外线比较充足,气温合适。气温太低时不宜进行。

(8)日光浴后要用凉水擦身。

3. 晒伤处理

不合理的日光浴锻炼容易导致皮肤晒伤,一般发生在夏季。晒伤后的一般处理方法如下。

(1)用凉水处理。用凉毛巾冷敷伤处及周围,缓解症状。

(2)用西瓜皮处理。用经过冷藏的西瓜皮敷在患处,可护肤、清热、除湿。

(3)用清热解毒药材处理。将清热解毒药材外敷在患处,清除皮肤热毒,预防灼伤。

三、改善大学生应激能力的运动健身指导

(一)垒球健身

1. 握球

食指、中指分开,把球放在指根部,两指与球线垂直相交握在球上方,指端压在球缝线上;拇指放在球的侧下部,第一指关节压在球缝线上。拇指、食指、中指的握点看起来是一个等腰三角形的形状。无名指与小指自然弯曲放在球侧,虎口与球之间要有空隙。握球力度以球不掉下去为准。不要把球握得太紧。

2. 传球

两脚以与肩同宽的距离左右分开而立,稍屈膝,双手于体前持球,身体与目标方向正对,目视传球方向。传球时,身体以右脚为轴向右转,左肩与传球方向相对,两臂一前一后,右手持球,掌心向下,同时左脚踏向传球方向。将身体重心放在左脚,左臂屈肘放在胸前,右臂经体侧向上摆到右后方,上下臂垂直,上提肘关节,高于肩,腕关节后屈,高于右耳的水平高度。随后转肩、顶肘,用力甩臂扣腕,在身体前上方将球鞭打传出。右臂继续随摆,上体下压,伸踏腿支撑重心,目视传球目标。

3. 接球

(1)接平直球

身体与来球方向正对,两脚以与肩同宽的距离左右分开而立,微屈膝,上体前倾,重心稍下降、前移,稍屈肘并下垂,合手将手套放在胸前高度,手

指向上,目视来球,稍微提起脚跟做好移动准备。面对不同高度和方向的来球,接球时有所区别。

第一,来球偏右,接球时两臂旋内向右前方伸出,手指朝右、掌心向前与来球相对。

第二,来球偏左,接球时两臂旋内向左前方伸出,同时手指朝左、掌心向前与来球相对。

第三,高于腰部的来球用戴手套的掌心去接。

第四,低于腰部的来球,手指朝下、掌心向前去接。

(2)接腾空球

与来球方向相对,左脚在前,右脚在后,距离略宽于肩,微屈膝,上体前倾,两臂在膝关节保持放松,目视来球,做好移动接球的准备。观察来球的路线,对其落点进行预测,随后移动到位面对来球,屈肘,向上举起手臂,高于额头,掌心向前。来球靠近时,主动伸臂迎球,在右上方接球,接球后两臂后引缓冲,为下一个传球做准备。

(3)接地滚球

身体与来球方向相对,两脚以稍宽于肩的距离左右分开而立,屈膝下蹲,上体向前倾,两脚前脚掌支撑身体重量,两臂在膝关节前放松下垂,目视来球。观察来球的路线,对其落点进行预测,随后移动到位面对来球,双手靠拢伸向前方,手套张开贴地,手指向下与来球相对。在球刚从地面弹起的瞬间,在体前距离两脚连线中心 30 厘米的位置去接球,随后双手护球稍后引,垫步,调整身体姿势,准备传球。

4. 击球

以触击球为例,投手投球离手前的刹那,击球员的身体迅速转向前导臂一侧,同时右手沿棒快速向中部上移,拇指在上,其余四指在下,用虎口将棒握住,左手在体前控制球棒,棒头比棒尾稍高,身体与投手正对,身体重心向下移,上体稍向前倾,成触击的触发准备姿势。投手投出球后,击球员判断来球轨迹,及时移动到位,调整身体姿势,将球棒中部与来球对准。球靠近时,双手轻推球棒向本垒板前击球,然后双臂后收缓冲,跑向一垒方向。

注意触击球的方向和路线以场上跑垒员、出局人数等实际情况为依据而定。

5. 跑垒与滑垒

(1)跑垒

进攻队员通过击球取得上垒,然后在队员的配合下发挥主观能动性从场上各垒通过最后回到本垒的进攻活动就是跑垒。

跑垒过程由三个部分组成,即离垒和返垒、起动和冲跑、踏垒和停在垒上。

(2)滑垒

跑垒员在接近垒位时,突然扑向前或向后倒成侧卧姿势,借惯性向垒位滑进并停在垒上的进攻行动就是滑垒。

滑垒是一种突然性进垒的方式,高速跑垒中的进攻者为顺利踏垒和停在垒上,避免被大面积触杀而采取该方法,这能够给对方的防守增加难度。

(二)拔河健身

拔河是两个人数相同的队伍分别握住一条绳子的两端,各自向自己队伍的方向拉,以线中央的标记最终偏向哪方为标准来判断胜负的一项集体游戏。拔河的形式有很多,两人对抗、多人对抗均可,但要保证两支队伍人数、力量的基本均衡。常见的是多人徒手对抗,有时也有器械对抗。

拔河运动集健身性、娱乐性于一体,在增强体质、提高身体素质、陶冶情操、培养拼搏精神、磨炼意志、提高集体合作意识与能力等方面有突出的作用,而且简便易行,随时都可开展,正因为此,这项运动在民间非常流行,各级各类学校经常组织这样的活动,以此来丰富学生的课余文化生活,培养学生的体质与意志。

下面主要分析拔河运动的几个基本技术环节。

1. 基本站位

两脚一前一后分开,前腿伸直,膝盖不要弯曲,脚掌内扣,后腿膝盖弯曲,上体向后仰,身体约与地面保持60°的夹角,双手紧紧握住绳子,目视前方。

2. 握绳方法

前臂要伸直,肘部不要弯曲,后臂肘部弯曲,双手紧握绳放在后臂腋下夹住,使绳子与身体贴在一起。

3. 用力方法

听口令与指挥,全体队员一起发力,前脚向前下方用力蹬,后脚伺机后移发力,两手握绳集中发力,重心要低,上体后倾,保持稳定,不要晃。

第三节 大学生运动处方的制订

要更好地促进大学生的身体健康,就要持之以恒地加强体育锻炼,为保证体育锻炼的效果,必须事先制订科学合理的运动处方,按照运动处方展开一切锻炼活动。

一、运动处方概述

(一)运动处方的概念

运动处方是运动者根据医学资料,按其健康、体力以及心血管功能状况,用处方的形式对运动种类、运动强度、运动时间及运动频率作出规定,提出各种运动注意事项,以对人们科学参加体育锻炼或进行身体康复活动进行指导的一种方法。[①] 制订一个科学、合理的运动处方对于大学生参加体育运动锻炼具有重要的意义。

(二)运动处方的特点

运动处方对大学生参加体育锻炼具有重要的指导作用,按照科学合理的运动处方参加体育锻炼能帮助大学生有效提升自身体质水平。因此,制订一个合理有效的运动处方是非常重要的。一般来说,运动处方具有以下几个特点。

1. 目的性特点

随着体育运动的不断发展,运动种类及项目也越来越多,这为人们参加体育运动健身提供了多种选择。无论人们参加哪一种运动项目,都要以一定的运动处方为指导,而运动处方都要有一个明确的目标,普通人参加运动锻炼,其运动处方的目的主要是强身健体和休闲娱乐,由此可见运动处方具有一定的目的性特点。

2. 科学性特点

运动处方的制订一定要讲究科学,严格按照一定的科学理论进行。制

---

① 董晓红.运动健身学[M].杭州:浙江大学出版社,2006.

订运动处方的人员一定要掌握扎实的运动基础知识,掌握运动医学、临床医学与运动科学的基本原理,这样才能保证运动处方的科学性和有效性。大学生按照科学的运动处方参加体育锻炼能很好地提高自己的体质。

3. 针对性特点

运动处方的制订不是盲目的,而是要有一定的针对性。在具体的操作过程中,要针对大学生的健康状况、体能水平、学习能力和运动基础等情况合理制订运动处方,体现运动处方的个性化,促进大学生身体健康发展。总之,运动处方具有一定的针对性特点。

4. 计划性特点

运动处方的制订需要以一定的目标为依据,因此其具有一定的计划性特点。大学生在参加体育锻炼的过程中要严格按照运动处方进行,依据个人实际情况合理安排运动负荷,在锻炼过程中逐步提高自己的运动兴趣,进而养成终身体育的意识和习惯。

5. 安全有效性特点

由于运动处方具有很强的针对性和实用性,因此大学生按照既定的运动处方参加体育锻炼往往能取得事半功倍的效果。另外,运动处方中还包含运动者运动负荷量和运动效果的评价,运动者可以根据反馈信息及时调整运动锻炼方案,因此运动处方还表现出一定的安全有效性特点。

(三)运动处方的功能

大量的实践与事实表明,与一般的治疗方法相比,运动处方的效果要更为显著,因此大学生要严格按照运动处方参加体育锻炼。总的来看,运动处方具有以下几个方面的功能。

1. 提高心肺功能

运动处方的主要目的是促进身体素质的发展,因此大部分的运动处方都要以中等强度的有氧运动为主。一般来说,有氧运动主要具有两个方面的作用:一方面可以降低人体安静时的心率;另一方面可以增强心脏的收缩力量,增加每搏输出量,提高心血管功能。

大量的实践表明,大学生按照既定的运动处方参加体育运动锻炼对于自身身体素质的发展具有非常大的帮助。坚持按照运动处方参加运动锻炼,能有效增强肺部组织的弹性、提高肺活量和增加机体的摄氧量,有效改善人体呼吸系统机能,从而促进身体素质及运动能力的不断提高。

2. 提高人体免疫力的功能

人的免疫系统对于其参加各种社会活动具有重要的意义,如果人体免疫系统出现一定的故障,机体就会失去一定的生理平衡,难以维持正常的生理状态,从而会导致各种疾病。因此,在平时的生活和学习中,大学生一定要想方设法地维持人体正常的免疫力,以免身体受到伤害。而制订一个科学有效的运动处方,按照这一运动处方参加体育运动锻炼则能有效解决这一问题。

大量的实践表明,一个合理的符合大学生身体实际的运动处方,能对大学生中枢神经、呼吸系统、心血管系统等产生有效的刺激,使其产生适应性变化,从而提升人体的免疫功能。

3. 治疗现代文明病的功能

在现代社会背景下,很多人饱受现代文明病的侵蚀,心脏病、肥胖症、高血压等都严重威胁到人体的健康。另外,大学生面临着繁重的学习任务和就业压力,长时间的情绪得不到宣泄就容易出现一些心理问题,如抑郁、焦虑、恐惧等,这非常不利于大学生的身心健康发展。

大量的事实表明,经常参加体育运动锻炼能有效改善人体素质,防治现代文明病。但大学生在参加体育锻炼的过程中切忌盲目进行,要按照事先制订的运动处方参加锻炼,这样才能取得理想的锻炼效果。

(四)运动处方的构成要素

构成运动处方的要素有很多,其中主要包括运动目的、运动内容、运动负荷、运动时间、运动次数等几个部分。在制订运动处方时要依据个人情况而定,不能一概而论。

1. 运动目的

大学生参加运动锻炼都有一定的目的和动机,因此在制订运动处方时也要将运动目的列进去。通常来说,大学生参加体育运动健身的目的主要有三个方面,即增强体质、健美形体和提高运动能力。

2. 运动内容

运动处方中的运动内容有很多,在安排运动内容时,需要充分考虑运动者的身体条件。运动者在身体运动的过程中,会不可避免地需要机体的各种运动素质能力积极参与其中,因此,运动处方中的运动内容,从本质上讲,

第七章 大学生体质健康促进的运动健身指导

就是对运动者的具体的某一项或者某几项运动素质的练习。

对各种不同身体运动素质的运动处方中的运动内容安排概括如下。

(1)力量素质练习:以增强力量、改变形体的运动为主,可借助各种运动器材,如哑铃、杠铃等完成。

(2)速度素质练习:可通过各种跑的练习进行,以有针对性地提高身体各部位的反应速度、动作速度及有机体位移速度。

(3)耐力素质练习:旨在提高身体的运动耐受力,可采取各种形式的走跑健身、自行车以及健身操、健美操、武术、球类运动等的技术动作套路与对抗来完成。

(4)柔韧素质练习:旨在改善身体柔韧性,主要内容有健美操、韵律操、医疗器械体操、形体练习等。

3.运动负荷

运动量和运动强度合称为运动负荷。运动强度是指人体运动中单位时间移动的距离或速度。运动量是指运动者体育运动中所承受负荷的大小。

大学生参加体育运动健身,运动强度与运动量应适中,具体应结合身体实际情况和运动需求来确定,运动强度与运动量不能过大或过小,过大容易导致运动疲劳或损伤,过小则起不到理想的锻炼效果。

4.运动时间

运动时间是指持续参与体育运动健身的时间。大学生参与体育健身一般是利用课外运动时间进行,具体每一次健身的运动时间的长短应结合具体的运动目的、运动项目、运动负荷来确定。

5.运动次数

通常情况下,大学生参加体育运动锻炼,每周参与次数为3~4次或隔日锻炼为佳。如能每日都坚持体育健身最好,但需要特别提醒大学生的是,健身锻炼次数并非越多越好,应考虑自身实际情况合理地确定运动锻炼的次数,要做好必要的身体检查和医务监督。

二、制订运动处方的基本原则

(一)针对性原则

受先天遗传和后天锻炼的影响,每一名大学生的身体素质都存在着一定的差异。因此,需要根据大学生的具体情况制订运动处方。也就是说,运动处方的制订要有一定的针对性,否则就难以获得理想的锻炼效果,甚至还会导致一定的运动损伤。因此,制订大学生运动处方要因人而异,切忌千篇一律。这就是制订运动处方的针对性原则。

在制订运动处方时,必须要根据大学生的体质状况和运动能力合理地安排运动负荷量。同时在运动锻炼的过程中或运动后的恢复期中,进行必要的营养补充,根据健身的目的与反馈的信息及时调整运动负荷,并养成良好的饮食习惯,以促进运动机体的及时恢复,这有利于体育运动健身活动的持续进行。

(二)安全性原则

在制订运动处方前,一定要做好充分的调查与准备,对大学生做好必要的身体检查,根据大学生的实际情况制订运动处方的各项内容,确定适当的运动负荷范围,避免发生运动损伤。在运动处方实施的过程中,大学生要把握好安全性原则,以自身实际为准,在合理的运动负荷范围内参加运动锻炼,这样能有效保证体育运动锻炼的安全性。

(三)可操作性原则

运动处方的制订并不是盲目的,需要根据具体的运动环境、大学生的个人身体状况合理制订,制订的运动处方要具有一定的可行性,适合大学生参加体育健身锻炼。总之,在制订运动处方时一定要严格遵循可操作性的基本原则。

(四)全面性原则

人体是一个大的系统,系统内又包含更小的子系统,子系统下又包含更低一级的系统。每一个子系统都发生着密切的联系,同时还具有各自独特的功能。每一个子系统的功都有自身的特点,不能被替代。因此,在制订运动处方时,要针对运动者的身体锻炼部位及各系统的功能进行设计,如此才能促进大学生的全面发展。

(五)渐进性原则

大学生运动处方的制订要遵循一定的针对性原则,同时还要针对个人的体质状况逐步增加负荷量和提高运动强度。这就是制订运动处方所必须遵循的渐进性原则。

运动处方的渐进性原则主要是遵循超量恢复的基本理念逐步提高运动负荷和运动强度。如果长期采用一种健身手段,大学生就会产生一定的厌烦性,难以实现预期的锻炼效果。而突然进行一次大强度的运动锻炼容易造成运动损伤,影响接下来的体育锻炼。因此,按照渐进性的原则制订运动处方是非常重要的。

三、运动处方示例——提高大学生心肺功能的运动处方

拥有良好的心肺功能对于大学生而言具有非常重要的意义,一个良好的心肺功能能帮助大学生顺利地参加各种体育锻炼活动和各种复杂的工作。除此之外,心肺功能水平较高的大学生还能有效降低发生心脏病和糖尿病的风险,维持身体健康。总之,心肺功能越好,人体就越不容易疲劳,就能以饱满的精神投入到学习和工作之中,还能促进人体健康发展。下面我们主要依据大学生的身心特点和实际情况设计提高其心肺功能的运动处方。

(一)运动方式

平时我们经常参加的跑步、游泳、骑自行车、登山等运动都能有效提高大学生的心肺功能。可以说,凡是有大肌群参与的慢节奏的运动都可以作为一种有效的锻炼方式。在选择体育锻炼方式时,大学生要结合自己的兴趣和爱好自愿选择自己喜爱的运动项目,这样能有效激发其主动参与的兴趣,保证体育锻炼的长久性。另外在选择运动项目时,还要充分考虑运动的安全性和可行性,以尽量降低运动损伤发生的几率。对于容易受伤的大学生而言,可以选择游泳、骑自行车等冲击力较小的运动项目,而体质水平较高的大学生可以根据自己的喜好任意选择运动项目。在参与方式上,尽可能地采取综合性的锻炼方式,锻炼内容要具有多样性,能促进大学生全面身体素质的发展。

(二)运动频率

运动频率也就是运动次数,通常来说主要以周来计算。一般情况下,对于绝大多数大学生而言,一周可以进行两次锻炼,就基本上能获得心肺功能提高的效果,一周锻炼 3~5 次能促使心肺功能获得最大适应水平,但最好不要超过 5 次,否则不仅不能进一步提高心肺功能,甚至还有可能发生运动疲劳现象,不利于机体的恢复。因此,大学生在进行体育锻炼时一定要根据自己的实际情况合理选择适合自己的运动频率。

(三)运动强度

相关研究表明,运动强度在接近 50% 的最大摄氧量时就能明显地增强人体心肺功能,推荐范围为 50%～85% 的最大摄氧量。由于每一名大学生的身体素质、运动基础和运动能力都存在着一定的差异,因此运动强度的选择要以自身实际为准,根据自身实际情况在 50%～85% 的范围内合理地选择。

(四)持续时间

相关研究与实践表明,要想有效地提高心肺功能,还必须要维持一个合理的时间范围,通常来说一次锻炼时间维持在 40～60 分钟是较为合理和有效的。

(五)整理活动

大学生在参加完体育锻炼后,还要进行必要的整理活动,这样能有效促进血液回流至心脏,避免血液过多分布于上肢和下肢而造成头晕和瘀血。除此之外,整理活动还能在一定程度上减轻剧烈运动后的肌肉酸痛和心律失常。

一般情况下,整理活动在运动锻炼结束后的 5 分钟内进行,可以做一些步行、慢跑和一些拉伸动作练习等。

参考文献

[1]张友菊.大学生健康教育[M].北京:中国人民大学出版社,2015.

[2]刘星亮.体质健康概论[M].武汉:中国地质大学出版社,2010.

[3]郭文.大学生体质健康突出问题的现状、影响因素及其干预实验研究[M].杭州:浙江大学出版社,2012.

[4]张绍礼,赵洪朋.青少年体质健康干预的研究[M].沈阳:东北大学出版社,2012.

[5]君石,黄建始.健康管理师[M].北京:中国协和医科大学出版社,2007.

[6]李新文.体育健康管理方法论[M].成都:电子科技大学出版社,2014.

[7]谭思洁.青少年运动健康促进导论[M].北京:知识产权出版社,2012.

[8]孙庆祝,郝文亭,洪峰.体育测量与评价(2版)[M].北京:高等教育出版社,2014.

[9]杨忠伟.体育运动与健康促进[M].北京:高等教育出版社,2004.

[10]李佩聪.现代休闲体育运动项目的科学训练指导与创新实践[M].北京:中国商业出版社,2014.

[11]颜乾勇.泰州市大学生体质健康现状分析与对策研究[D].苏州:苏州大学,2015.

[12]殷洁森.江南大学学生体质健康管理研究[D].长沙:湖南大学,2014.

[13]谢超杰.大学生健康管理服务体系的构建及初步实践[D].广州:华南理工大学,2018.

[14]司苗杰.智慧校园背景下高校学生体质健康管理研究[D].吉首:吉首大学,2016.

[15]匡泉.大学生体质健康管理机制创新研究[D].广州:华南理工大学,2015.

[16]陈晓蕾,单常艳,田云平.当代大学生身心发展特点和规律[J].科教导刊(上旬刊),2011(02):15+17.

[17]董霞.大学生体质健康现状及问题研究[J].西部皮革,2018,40(24):50.

[18]陈连珍.健康中国视野下大学生体质健康现状与促进研究[J].当代体育科技,2019,9(35):9-10.

[19]韦雄师,孟祥龙,邓晓明,等.大学生体质健康现状与促进研究[J].体育科技,2019,40(06):79-81.

[20]谭敏.建设体育强国当从青少年始[J].甘肃教育,2019(18):7.

[21]周丛改.体育强国目标下青少年体质健康促进机制探讨[J].成都体育学院学报,2011,37(06):33-36.

[22]徐汉朋.体育强国视域下学生体质健康促进研究[J].中国教育学刊,2018(S1):20-21+24.

[23]王军.体育强国目标下青少年体质健康服务体系与促进机制研究[J].运动,2018(09):3-4.

[24]田甜,古博文.大学生体质健康管理模式[J].中国学校卫生,2017,38(09):1285-1287.

[25]叶蓁,倪铭.高校学生体质健康管理方法研究[J].西部素质教育,2016,2(05):47.

[26]吴宗喜.高校学生体质健康管理方法探析[J].运动,2010(06):98+97.

[27]万益.基于智慧校园的高校学生体质健康管理平台探析[J].艺术科技,2019,32(03):222-223.

[28]江群,陈永存,刘峰.参与式健康管理模式下健康校园平台的构建[J].运动,2017(17):81+72.

[29]张持晨,李霞,倪彦佩,等.大学生健康管理信息服务平台构建方法介绍[J].中国学校卫生,2014,35(06):952-953.

[30]寇现娟.青少年体质健康促进的管理机制研究[J].青少年体育,2016(01):108-109+136.

[31]李品仙.高校实施《学生体质健康标准》管理机制的研究[J].赤峰学院学报(自然科学版),2014,30(20):180-182.